Die schönsten

Land- und Hofcafés

in Niedersachsen

Liebevoll
überarbeitet

IMPRESSUM

Copyright © 2016 by Cadmos Verlag GmbH, Schwarzenbek
Gestaltung: Cadmos Verlag GmbH, Anke Werner
Mit Texten von: Michael Holste, Jana Hesse
Lektorat: Jana Hesse

Druck: Graspo CZ, a.s., Tschechische Republik, www.graspo.com

Deutsche Nationalbibliothek – CIP-Einheitsaufnahme
Die Deutsche Nationalbibliothek verzeichnet diese Publikation in der Deutschen Nationalbibliografie; detaillierte
bibliografische Daten sind im Internet über http://dnb.ddb.de abrufbar.

Printed in Czech Republic
ISBN 978-3-8404-3034-3

BILDNACHWEIS

Coverfoto: „maler" - fotolia
Fotos im Innenteil: S. 21 unten rechts, Frederike Wiese, S. 123 oben rechts, Anke Werner, S. 124/125 und
S. 127, Lydia Ulbrich

fotolia:
S. 4 oben rechts und S. 80 sehbaer_nrw, S. 5 oben links und S. 72 Oliver Zeidler, S. 6/7 fotografci, S. 9 zweites von oben
und S. 21 unten links TasfotoNL, S. 9 unten links und S. 68 Ulrich Müller, S. 9 unten rechts Alaska-Tom, S. 10 greenpapillon,
S. 20 Tanja Thomssen, S. 21 oben links narttekg, S. 21 oben rechts Stephan Sühling, S. 21 Mitte Kaesler Media, S. 24 und
S. 35 Gabriele Rohde, S. 25 countrypixel, S. 34 mhbe2000, S. 69 oben links kameraauge, S. 73 meisterx, S. 89 Christian
Schwier, S. 99 Myrna Schwartinsky, S. 118 Brasto, S. 119 mojolo, S. 119 Heiko Küverling

Shutterstock:
S. 4 und S. 42 Adrian Zenz, S. 5 oben rechts Andrea Sachs, S. 9 oben und S. 108 Margarita Borodina, S. 9 zweites von unten
und S. 15 Mor65_Mauro Piccardi, S. 9 oben rechts und S. 43 Thorsten Schier, S. 11 und S. 88 Bildagentur Zoonar GmbH,
S. 14 Volker Rauch, S. 64 KaMay, S. 63 und S. 69 unten rechts canadastock, S. 69 oben rechts Scirocco340, S. 69 Mitte und
S. 77 Mitte goergemphoto, S. 69 unten links Shahid Khan, S. 76 Andres Mayovskyy, S. 77 oben links mihaiulia, S. 77 oben
rechts JeniFoto, S. 77 unten links Rob Bouwman, S. 77 unten rechts Skreidzeleu, S. 81 Sabine Hortebusch, S. 109 und S. 114
Roman Sigaev, S. 115 oben links Mapics, S. 115 oben rechts jorisvo, S. 115 Mitte ivosar, S. 115 unten links und S. 115 unten
rechts guentermanaus

Die im Bildnachweis nicht aufgeführten Bilder wurden von den einzelnen Cafés zur Verfügung gestellt.

Die schönsten

Land- und Hofcafés

in Niedersachsen

CADMOS

Inhalt

Die Cafés auf einen Blick

Niedersachsen

*Im schönen Niedersachsen oft zu finden: Leuchttürme,
wie dieser hier in Pilsum.*

Willkommen!

Stellen Sie sich vor, es ist Sommer; die Luft ist klar, der Himmel wolkenlos und strahlend. Von fern geht ein leichter Wind durch die Straßen. Die Stadt schläft, denn ihre Bewohner machen jetzt Urlaub an weiten Stränden, in dichter Enge, unter sengender Glut. Das Grün der Bäume ist schon ein wenig dunkler als das der Wiesen. Auf den Feldern wogen die Ähren auf ihren sonnengelben Halmen. Die Kühe stehen träge in der Sonne und warten auf den Abend. Schwalben taumeln durch die Luft, auf der Suche nach Nahrung. Das Wasser in den Flüssen und Bächen wird langsam knapp, hält aber die Temperatur für ein kleines Bad zwischendurch. Um die Seen lagern diejenigen, die die Stadt nicht verlassen mochten oder bleiben mussten. Es ist wirklich Sommer. Niedersachsen spannt den Bogen zwischen der Küste mit ihren Sand- und Grünstränden, den Deichen, den vorgelagerten Inseln und den weiten Ebenen zwischen Ems, Weser und Elbe. Niedersachsen ist dicht bewaldet in den Höhenzügen entlang der Flüsse, versteckt seine Seen und Teiche keineswegs, erstreckt sich bis hin in den Harz, der klotzig in die Höhe strebt, tiefe Schluchten einschließt, Wasserfälle, geheimnisvolle Höhlen. Niedersachsens Dörfer und Städte haben eine lange

Ostfriesland in der Abenddämmerung.

Geschichte, die sich über tausend Jahre von mittelalterlichen Siedlungen bis hin zu modernen Städten zieht. Ihre Bewohner sprechen unterschiedliche Dialekte und haben eine unverwechselbare Tradition und Kultur entwickelt. Stellen Sie sich vor, es ist Sommer – und Sie, Sie bleiben hier! Was werden Sie finden? Sie finden ein weites Land, das eine Vielzahl sehr unterschiedlicher Regionen und Landschaften bereithält. Überall gibt es mehr zu entdecken als Sie vermuten. Sie werden auf eine gewachsene ländliche Struktur stoßen, auf Dörfer inmitten landwirtschaftlich genutzter Flächen, Sie werden

prächtige und stolze Bauernhäuser finden, altes Fachwerk neben modernster Technologie. Es wird Ihnen klar werden, dass Niedersachsen in den Wurzeln immer ein bäuerliches Land gewesen ist. Heute bedeutet Landwirtschaft, den Gegensatz zwischen technisierter Nahrungsmittelproduktion und traditionellem bäuerlichen Wirtschaften zu überwinden. Sie werden herausfinden, dass dies oft gelungen ist oder sich zumindest anbahnt. Von Krisen, Schwierigkeiten, Umbrüchen, Sorgen und Nöten werden Sie auch erfahren – wenn Sie hierbleiben und sich auf das Besondere unseres Landes einlassen.

Willkommen!

Ostfriesland und Raum Oldenburg

Region 1

Wilhelmshaven

Aurich

Wiesmoor

Großefehn

Rastede

Bad Zwischenahn

Oldenburg

Hamme

Hunte

Ems

Soeste

Hof Moorblick

 16

Tunger Straße 1a
26629 Großefchn Aurich-Oldendorf / OT Moorlage
Tel. 0 49 43 - 91 20 91

Friesische Teestube & Café „Ekke Nekkepenn"

18

Burmeidsweg 1
26969 Butjadingen Langwarden
Tel. 0 47 33 - 17 37 32
Fax 0 47 33 - 17 37 33

Der beschauliche Hafen in Neuharlingersiel.

Ostfriesland bedeutet scheinbar endlose Weite der Wiesen und Marschen, flaches Land durchzogen von Wallhecken und sturmgebeugten Bäumen, von Kanälen und Mooren. Hinter den mächtigen Deichen, die Land und Leute vor den Sturmfluten schützen, die hier früher „Manndränken" hießen, folgt das Wattenmeer, dessen Flora und Fauna vom regelmäßigen Wechsel zwischen Ebbe und Flut bestimmt wird. Wenn sich die Nordsee durch die unzähligen Priele, Gats und Tiefs zurückzieht, fällt das Watt trocken. Unter der scheinbar öden Schlammwüste wimmelt das Watt von Leben. See- und Strandvögel waten auf Nahrungssuche über die welligen Flächen. Zwischen Borkum und Wangerooge reihen sich die Ostfriesischen Inseln wie Perlen auf einer Kette von Westen nach Osten. Der Tourismus zu den Inseln

und im Land hinter den Deichen stellt heute wohl das wichtigste ökonomische Standbein der Menschen in Ostfriesland dar. Um das Jahr 1000 begannen die Friesen mit der Landgewinnung und Sicherung der flachen Küstenregion. Die Sachsenkaiser honorierten die Bemühungen ihrer Untertanen und befreiten die Friesen von der Heerfolge. Im Jahre 1744 wurde Ostfriesland preußisch. Friedrich der Große verfügte die Urbarmachung der Moore, die über ein Viertel der Fläche Ostfrieslands ausmachten. Ausschließlich einheimisches Kapital stand zur Verfügung. Die Einkünfte aus dem bescheidenen Torfhandel reichten für diese gewaltige Aufgabe nicht aus. Ähnlich wie im Emsland übernahmen holländische Siedler, denen man Land und Steuerfreiheit versprach, einen Teil der Kolonisation. Großefehn ist eines

Die historische Windmühle in Greetsiel ist ein echtes Unikat

der ersten Fehndörfer (Fehn = Moor), das aus der Kultivierung der Moore entstand. Zu Fuß waren die Moorflächen nicht zugänglich. Daher hoben die Siedler gleichzeitig als Verkehrswege und Entwässerungsgräben dienende Kanäle aus. Um den Boden für den Getreideanbau nutzbar zu machen, musste das Moor gebrannt werden, was den Boden schnell erschöpfte und die Erträge gering hielt. Als der Torfabbau nicht mehr lohnte, mussten sich die Fehnbewohner nach einer neuen Einnahmequelle umsehen. Heute lohnt ein Besuch in der Kirche St. Barbara mit ihren spätgotischen Plastiken und einer Madonna im Strahlenkranz auf einer Mondsichel. Rhauderfehn, in dem um 1850 68 Torf- und 41 Seeschiffe registriert waren, zeigt den Weg: Bremische Schiffe und ein weltweiter Handel beschäftigten Mitte des 19. Jahr-

hunderts die Einwohner der Fehnregion. Schifffahrt war so bedeutsam in dieser Region, dass 1870 eine „Königlich Preußische Navigationsschule" in Westhauderfehn eingerichtet wurde. Am Ende des 16. Jahrhunderts wurden im Emdener Schiffsregister mehr Schiffe als in London oder Hamburg geführt. In Rysum auf Krummhörn finden Besucher die älteste noch genutzte Orgel Nordeuropas. Überhaupt finden Orgelliebhaber zwischen Wilhelmshaven und dem niederländischen Groningen 300 historische Orgeln. Nicht nur die im Hafenbecken liegenden Krabbenkutter, die kleinen Fischerhäuser, das Sieltor oder die beiden Windmühlen am Ortseingang machen Greetsiel zu einem der malerischsten Orte Ostfrieslands, es sind auch winzige Kleinigkeiten – geschmückte Fenster, hübsche Haustüren, die Giebel der Häuser.

 ## *Hof Moorblick*

Adresse
Tunger Straße 1 a
26629 Großefehn
Aurich-Oldendorf/ OT Moorlage
Tel. 0 49 43-91 20 91
www.mcta gastro.dc

Öffnungszeiten
Fr. u. Sa. Café und
Restaurant ab 14.30 Uhr,
warme Küche ab 18 Uhr
So. Café, Restaurant ab 11 Uhr
Mittagstisch ab 11.30 Uhr
warme Küche ab 18 Uhr
nach Vereinbarung für Gruppen
auch außerhalb der regulären
Öffnungszeiten

Plätze
150 Caféplätze

Gespräch mit Meta Albers, der Besitzerin des Cafés.
Wie kommt der Name des Hofes zustande?
Wenn man aus dem Fenster des Cafés blickt, sieht man direkt aufs Moor. Man kann natürlich auch auf den gut ausgebauten Wegen wunderbar dort spazieren.
Betreiben Sie neben dem Café noch Landwirtschaft?
Ja. Unser Hof mit knapp 50 Milchkühen liegt nur wenige Schritte vom Café entfernt.
Wie haben Sie Ihr Angebot in den letzten Jahren weiterentwickelt?
Seit 2000 betreiben wir in Wiesmoor das Blumenhallencafé; auf Hof Moorblick existiert seit 2001 ein großer Themen- und Erlebnisgarten mit ca. 8000 m2 Fläche. Zur Weihnachtszeit erstrahlt dieser Garten durch eine unglaubliche Zahl von Lichtern. Das ist aber noch lange nicht alles, oder?
Richtig. In Hesel betreiben wir seit 2003 die „Meta-Erlebnisgastronomie". Die finden Sie in einem denkmalgeschützten ostfriesischen Bauernhaus, das weitgehend in seinem Urzustand verblieben ist. 2005 kam dann das „Müllerhaus" in Barßel dazu. Zum Café dort gehört eine vierstöckige Galerie-Holländer-

Anfahrt

A28 Ausfahrt Filsum, auf B72 nach Hesel, in Hesel Richtung Aurich bis Mitte Großefehn. An der Ampel rechts bis Ostgroßefehn. An der Ampel links Richtung Aurich Oldendorf. In Aurich Oldendorf rechts nach Moorlage ca. 4 km fahren.

Extras
- Hausgemachter Kuchen
- Selbst gebackenes Brot
- Mittag- und Abendessen
- Wiese mit Esel
- Großer Spielplatz mit Rutsche und Karussell
- Info-Bauernhof
- Kutschfahrten
- Schiffsfahrten mit der MS Moornixe
- Fahrradtouren
- Torfstechen
- Führungen durch das Moor
- Blütenfest im Herbst
- Teeseminar
- Themen- und Erlebnisgarten

Sehenswertes in der Umgebung
- Fehnlandschaft
- Torf- und Siedlungsmuseum
- Ostfriesische Inseln
- Windmühlen
- Dorfmuseum Münkeboe
- Brookmerland
- Störtebeker-Turm
- Seewasseraquarium/ Wattenmeerhaus
- Wilhelmshaven
- Moormuseum Moordorf

Windmühle, die man natürlich auch besichtigen kann. Unser Café in Barßel hat auch einen herrlichen Garten. Unser jüngstes Projekt ist der „Meta-Goldene-Adler" in Bad Zwischenahn. Das Haus ist ein reetgedecktes Ammerländer Bauernhaus.

Gibt es etwas, das alle Ihre Cafés gemeinsam haben?

Unsere Hofcafés sind wegen ihrer Torten bei den Gästen sehr beliebt. Und: Die Zufriedenheit meiner Gäste ist für mich das Wichtigste. Ich habe festgestellt, dass viele Menschen keine Lust auf Torten oder Kuchen aus der Tiefkühltruhe haben. Deshalb backen wir unsere Torten immer frisch und vor allem nach eigenen Rezepten. Jeder meiner Gäste weiß, dass er solche Torten nur bei uns bekommt. Das ist wohl auch der Grund dafür, dass der Kreis unserer Stammgäste stetig wächst.

Halten Sie für Ihre Gäste noch eine besondere Überraschung bereit?

Ja, natürlich: Im Winter kommen viele Gäste zum Boßeln zu uns und zum Grünkohlessen ins Ammerland.

Friesische Teestube & Café „Ekke Nekkepenn"

Adresse
Burmeidsweg 1
26969 Butjadingen-Langwarden
Tel. 0 47 33 - 17 37 32
Fax 0 47 33 - 17 3733
teeladen@teekontor-nordsee.de
www.teekontor-nordsee.de
www.greiss-nordseeferien.de

Öffnungszeiten
Sommersaison:
April bis Okt. 14 bis 17.30 Uhr
Wintersaison:
Oktober bis März 14 bis 17 Uhr
Ruhetage Montag und Dienstag
vom 23. Dezember bis 6. Januar
täglich 14 bis 17 Uhr

Plätze
55 Caféplätze
35 Außenplätze im Rosengarten

Wir spüren die lange, wechselvolle Geschichte des alten Bauernlandes, während wir mit unseren Rädern unter hohem Himmel gegen den stetigen Seewind antreten. Unser Ziel ist das „Butjadinger Teekontor". Wir überqueren das breite Eckwarder Sieltief und erreichen den prächtigen Gulfhof. „Gulf" ist ein Begriff, mit dem der Lager- oder Stauraum für die Ernte bezeichnet wurde, und so war der Hof eigentlich dazu gedacht, möglichst platzsparend Hof- und Wohnraum miteinander unter einem Dach zu vereinen. „Der Hof, den wir nach der frischen

Brise, die wir bei unserer ersten und einzigen Besichtigung deutlich spürten, ‚Seewind' nannten, eroberte unsere Herzen sofort im Sturm", berichtet uns Frau Greiß, die uns in ihrem Café herzlich willkommen heißt. „Wir errichteten im ehemaligen Stallgebäude einen abgeschlossenen Fachwerkraum, in dem jetzt unser „Wein- & Teekontor" untergebracht ist", fährt sie fort, „die übrige Fläche wurde zum Hofladen. Gäste, die einmal bei uns waren, kamen immer wieder und fragten beharrlich nach einem Ort, an dem sie entspannt genießen können. So entstand

Anfahrt

Mit dem Auto:
Nach Tossens, über Ruhwarden, Butjadinger Straße bis 600 m hinter Langwarden oder über Burhave Richtung Tossens 600 m vor Langwarden, Einfahrt direkt an der Hauptstraße.

Mit der Bahn:
Bahnhof Nordenham, weiter mit Bus Richtung Tossens oder mit dem Rad immer am Deich entlang.

Essen & Trinken

Kaffeetafel, Butterkuchen vom Blech, Schlemmerbutterkuchen mit Sahne und hausgemachter Karamellsoße, Friesentorte mit selbst eingelegten Rumrosinen, Sanddorn-Joghurt-Torte, Bratapfelkuchen von Oktober bis Dezember.

die Idee zur Teestube und zum Café." Wir können bestätigen, dass mit dem herrlichen Mobiliar und der geschmackvollen Einrichtung ein wunderschöner Ort entstanden ist, an dem man sich so richtig verwöhnen lassen kann. Natürlich können wir nicht alle Teesorten probieren, die es hier gibt, aber wir haben trotzdem das Gefühl, den richtigen bestellt zu haben. Als dann noch zwei gigantische Stücke Friesentorte aufgetragen werden, müssen wir Frau Greiß bestätigen, dass auch sie und ihr Mann alles richtig gemacht haben.

Extras

- Malecke
- Spielplatz mit Schaukel und Sandkasten

Sehenswertes in der Umgebung

- Historisches Wurtendorf Langwarden mit Langwarder-Groden
- Melkhüser
- Kutterhafen
- Schifffahrten zu Leuchttürmen und Robbenbänken
- Nordseelagune
- Wattensteg Burhave
- Subtropisches Badeparadies und Friesenstrand Tossens
- Mühlenmuseum Moorsee
- Tier- und Freizeitpark
- Jaderberg

Einkaufen

Tee und Wein im Kontor:
Sommersaison:
April – Oktober 10 bis 12.30 Uhr u. 14 bis 17.30 Uhr;
Wintersaison:
Oktober - März 14 bis 17 Uhr
Ruhetage wie im Café;
außerdem Wurstwaren, ostfriesischer Ziegenkäse, Schafsgouda, Kuhmilchkäse, handgerührte Marmeladen, Eier, Honig, Sanddornprodukte, Großmutters Bonbons, Teegeschirr und Zubehör, handgemachte Seifen

Übernachtung

2 Ferienwohnungen in der 1. Etage, „Hof Seewind" (80 m^2 u. 105 m^2)

Die Inselbahnen sind ein echtes Highlight auf vielen der Inseln – hier zu sehen ist der Borkumer Bahnhof.

Die sieben Ostfriesischen Inseln Borkum, Juist, Norderney, Baltrum, Langeoog, Spiekeroog und Wangerooge (von West nach Ost aufgezählt) inmitten des „Nationalparks Niedersächsisches Wattenmeer" haben einiges zu bieten – jede Insel für sich hat ihren eigenen Charakter. Eines aber haben sie alle gemeinsam: die unendlichen Weiten der wunderschönen Sandstrände entlang der Küsten, die frische Meeresbrise und die oft noch unberührte Natur. Fünf der sieben Inseln sind autofrei, Fortbewegung geht dort also ausschließlich zu Fuß, mit dem Rad, der Pferdekutsche oder der Inselbahn. Die zahlreichen Strandpromenaden locken ebenso wie die vielen Wassersportmöglichkeiten, die die Inseln bieten. Auch die Kinder kommen nicht zu kurz; die Ostfriesischen Inseln gelten als besonders offen und familienfreundlich. Wer es lieber etwas ruhiger und romantischer mag, zieht sich in die großen, weißen Sanddünen zurück, lässt sich den kalten Wind um die Nase wehen, lauscht gespannt den entfernten Wellen am Strand und dem Schilf, das sich bei jedem noch so kleinsten Windstoß mitbewegt und das Ausspannen vom hektischen Festland-Alltag schließlich perfekt macht. Entfliehen Sie Ihrem ganz persönlichen Alltag und lassen Sie sich mit der Fähre übersetzten – auf eine der wunderschönen Ostfriesischen Inseln!

Reiter in den weißen Sanddünen auf Norderney.

Die Strandpromenade auf Wangerooge.

Die sieben Ostfriesischen Inseln.

Der Wasserturm von Langeoog.

Die Pferdebahn auf Spiekeroog.

Zwischen Weser und Elbe

Bremerhaven

Oste

Selsingen   Ahlerstedt/Ottendorf

Weser

Zeven

Westertimke

Hamme

Wümme

Aller

Landfrauen-Café in der Wassermühle Eitzte

26

Eitzte Nr. 4
27446 Selsingen/OT Eitzmühlen
Tel. 0 42 84 - 92 72 62

Mühlencafé Oldendorf

28

Eichenstraße 22
27404 Zeven/OT Oldendorf
Tel. 0 42 81 - 31 41
Fax 0 42 81 - 26 79

Hof Oldenbüttel

00

Freißenbütteler Straße 2
27729 Hambergen-Oldenbüttel
Tel. 0 47 93 - 23 78
Fax 0 47 93 - 95 32 79

Die Wurster Nordseeküste in Wremen.

Im dritten Jahrhundert begannen Sachsen die weiten Marschen entlang der Unterelbe zu besiedeln. Ebbe und Flut beeinflussten die Elbe in ihrem Mündungsgebiet ebenso wie Sturmfluten nach Stürmen oder Orkanen in der Nordsee. Die Siedlungsgeschichte in dieser Region ist daher gleichzusetzen mit Eindeichungen und verstärkten Bemühungen um den Küstenschutz. Von einer planmäßigen Landgewinnung kann man allerdings erst seit dem 12. Jahrhundert sprechen, als holländische Siedler das fruchtbare Schwemmland mit Deichen sicherten und im Küstengebiet Entwässerungsgräben in die Niederungsmoore gruben. Stade, das sich bereits kurz nach der Gründung der Hanse als Konkurrent Hamburgs entwickelte, wuchs schnell zu einem bedeutenden Warenumschlagplatz heran. Lange

Zeit wagten sich offizielle Vertreter Hamburgs nur unter Waffenschutz in die Stadt, deren Existenz 994 erstmals erwähnt wird. Im 16. Jahrhundert setzten sich die Hamburger Kaufleute durch; Stade wurde durch einen verheerenden Brand fast völlig zerstört. Heute grasen Schafe friedlich auf den Deichen und halten den Pflanzenwuchs kurz. So ganz nebenbei – wenigstens wird es gelegentlich behauptet – treten sie den Boden der Deiche fest. Unter einem herrlich blauen Himmel stehen prächtige Fachwerkhäuser inmitten weiter Obstplantagen, die sich im Frühling in ein Blütenmeer verwandeln und unzählige Besucher anziehen. Im Alten Land findet sich eines der größten zusammenhängenden Obst- und Gemüseanbaugebiete Europas, das ursprünglich die wachsende Großstadt Ham-

Es gibt nichts Schöneres als einen Sonnenaufgang mit Seeblick.

burg versorgte. Die landwirtschaftlichen Kulturen des Alten Landes haben heute allerdings längst überregionale Bedeutung erlangt. Von der langen Geschichte dieser Region, ihrem Wohlstand, aber auch dem Selbstbewusstsein der Menschen, die hier wohnen, legen die Altländer Bauernhäuser Zeugnis ab. Zwischen dem weiß gestrichenen Fachwerk der prächtigen Giebel leuchten rote Ziegel in unterschiedlichen Mustern – jedes Gefach hat ein eigenes Ornament. Es wird erzählt, dass der Hofbesitzer nach der Hochzeit seine Braut durch die „Brauttür", auf die der Blick eines jeden Betrachters zuerst fällt, ins Haus führte. Weiter im Süden liegen die Vier- und Marschlande. Auf ihren weiten Flächen gedeihen Gemüse und Blumen. Das Kehdinger Land, von Stade stromabwärts gelegen, wird als Obstanbaugebiet

genutzt. Die St.-Johannes-Kirche in Oederquart, das nicht weit von Freiburg an der Niederelbe liegt, birgt einen Schatz: In der Saalkirche steht eine Arp-Schnitger-Orgel aus dem 17. Jahrhundert. Etwas weiter im Westen der Region liegt Otterndorf. Das romantische Städtchen, das vor allem vom Tourismus lebt, hat einen mittelalterlichen Kern. Neben der Lateinschule von 1614 und dem Kranichhaus bieten die Deiche entlang der hier beinahe 20 km breiten Niederelbe genügend Raum für ausgedehnte Spaziergänge. Grüner Strand lädt zum Sonnenbaden ein, wer etwas wagemutiger ist, lässt sich vielleicht zu einer Wattwanderung überreden. Kanäle und Flüsse bilden im Lande Hadeln, das in der Nähe von Cuxhaven liegt, ein ideales Wassersportgebiet und auch Bremervörde ist heute ein moderner Touristik- und Ferienort.

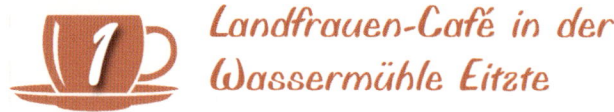

Landfrauen-Café in der Wassermühle Eitzte

Adresse
Eitzte Nr. 4
27446 Selsingen/OT Eitzmühlen
Tel. 0 42 84 - 92 72 62
Sanni.heins@t-online.de
www.landfrauen-cafe.de

Öffnungszeiten
1. April bis 31. Oktober
Sa, So u. Feiertage
14 bis 18 Uhr
Für Gruppen nach Anmeldung

Plätze
70 Caféplätze

Die Wassermühle bei dem Hof Eitzte an der Oberoste in der Nähe der Ortschaft Selsingen wurde bereits um 1300 schriftlich erwähnt. Allerdings stand sie weiter in Richtung Rockstedt und befand sich im Besitz des Grafen von Hoya. Da es zu dieser Zeit keine Mühlen in Selsingen und Umgebung gab, brachten die Bauern ihr Getreide zur Eitzmühle. 1862 – mittlerweile stand die Mühle dort, wo sie sich auch heute befindet – ließ ihr Besitzer, der Stader Holz- und Kornhändler Hinrich Hagenah, das Gebäude gründlich renovieren und um das Doppelte verlängern. Über einen Transmissionsriemen trieb die Mühle jetzt auch das Sägewerk gegenüber an. Im Frühjahr 1941 fand die Mühle ein jähes Ende: Der Eisgang auf der Oste beschädigte die Mühle so stark, dass sie nicht mehr funktionstüchtig war. Das nachfolgende Hochwasser nach der Schnee-

Anfahrt
Mit dem Auto
A1 Abfahrt Bockel oder
Sittensen,
nördlich in Richtung Zeven,
von der B71 in Seedorf links
ab in die Dorfstraße.
Nach ca. 300 m links in die
Lavenstedter Straße, gerade-
aus bis Eitzte.

Extras
* Baden in der Ostsee
* Kanuvermittlung
* Stallbesichtigung

Übernachtung
* Ferienhof Borchers, Granstedt
* Ferienhof Pape, Granstedt
* Selsinger Hof

*Sehenswertes
in der Umgebung*
* Natur- und Erlebnispark
  Bremervörde
* Moorhof und Glasmuseum
  Gnarrenburg
* Heimatmuseum und
  Windmühle Selsingen
* Mühlenroute durch den
  Landkreis
* Ziegelei in Bevern
* Gedenkstätte Sandbostel

schmelze riss die Stauanlagen und eine Brücke weg. Erst 1991 nahm sich der Mühlenschutz-verein Selsingen der herunter-gekommenen Wassermühle an und ließ sie bis 1997 sorgfältig restaurieren. Am 1. April ver-pachtete der Verein die Mühle an den Landfrauenverein Sel-singen. Gäste können seit dem 1. Mai 1998 hier selbst geba-ckenen Kuchen nach Großmut-ters Rezepten genießen. Ein unbedingtes Muss für jeden Ku-chenliebhaber ist die Selsinger Landfrauentorte! Ostetropfen, Landfrauenlikör oder Eitzter Kaffee sind die sehr gehaltvollen flüssigen Spezialitäten der Land-frauen in der Wassermühle. Die Mühle in ihrer einmaligen, wun-derschönen Lage direkt an der Oste ist für sich gesehen schon eine Reise wert. Mühlenliebha-ber können den Landkreis Ro-tenburg (Wümme) auf einer spe-ziellen Mühlenroute kennen-lernen.

 *Mühlencafé Oldendorf*

Adresse
Eichenstraße 22
27404 Zeven
OT Oldendorf
Tel. 0 42 81 - 31 41
Fax 0 42 81 - 26 79
kuecks@muehlencafe-
oldendorf.de
www.muehlencafe-oldendorf.de

Öffnungszeiten
Mo, Mi, Do, Sa,
14.30 bis 18 Uhr
So 14 bis 18 Uhr

Plätze
80 Caféplätze
70 Außenplätze

Wer das Besondere sucht, wird es im Zevener Ortsteil Oldendorf finden: Seit 1996 betreibt Meta Kücks hier ihr Café in der hofeigenen Mühle. „Ich bin gern mit Menschen zusammen, habe Freude am Backen, und außerdem ist da dieses wunderschöne alte Gebäude, für das ich schon lange nach einer sinnvollen Nutzung gesucht habe", berichtet Frau Kücks über ihre Gründe, ein Café zu eröffnen. Die Oldendorfer Mühle wurde 1913 errichtet und ist in den letzten Jahren liebevoll restauriert worden. Antike Möbel bestimmen die Einrichtung des gesamten Gebäudes. Kuschelige Sitzecken, hübsch gedeckte Tische – bei Frau Kücks findet jeder Gast seinen bevorzugten Platz. Ganz weit vorn in der Beliebtheitsskala rangieren bei ihren Gästen die Mohn-Marzipan- und die Sauerkirschbaisertorte. Dazu gibt es frischen Kaffee, erlesene Teesorten und einen fantastischen Eisteller. Die Wünsche ihrer Gäste stehen bei Frau Kücks ganz weit oben. Sie legt Wert auf einen aufmerksamen, aber nicht aufdringlichen Service. Im ersten Stock der Mühle

Anfahrt

Mit dem Auto
A1 Ausfahrt Bockel, links
auf B71, hinter Brüttendorf
links ab in die Eichenstraße

Extras

- Exklusive Wohnaccessoires
  aus Frankreich und Italien
- Großer Sandberg im Garten
  zum Spielen für Kinder
- Spielzeug und Malutensilien
- Kutschfahrten nach
  Vereinbarung, Wintergarten
  im mediterranen Stil mit
  Blick in den Bauerngarten

Sehenswertes
in der Umgebung

- Museum Kloster Zeven
- Städtische Galerie im
  Königin-Christinen-Haus
- Feuerwehrmuseum Zeven
- Rühlemanns Kräuter und
  Duftpflanzen Horstedt
- Essig- & Ölkontor Horstedt

präsentiert WohnART edle Tischwäsche, Teegeschirr, Tischsilber, Keramik aus Italien, Kerzen, Glasartikel und Servietten. An sonnigen Tagen lieben es die Gäste, im weitläufigen Garten zu sitzen und die Stille und Atmosphäre der Mühle auf sich wirken zu lassen. Die idyllische Umgebung mit ihren Wiesen, Äckern und Wäldern tut ihr Übriges. Oldendorf ist ein bäuerlich geprägtes Dorf mit intensiver Landwirtschaft. Spaziergänger und Wanderer finden hier eine typische, intakte norddeutsche Kulturlandschaft vor.

Ein nahe gelegener Waldlehrpfad führt über 5,2 km an 54 Stationen vorbei. Interessierte oder einfach nur neugierige Gäste erfahren hier alles über die heimischen Tier- und Pflanzenarten, über die Ökologie der Wälder, ihre wirtschaftliche Nutzung und die Fotosynthese. Wer dem Symbol der Eule folgt, befindet sich hier auf dem richtigen Weg. Und wenn die Sonne langsam hinter den Baumwipfeln versinkt, dann sind Sie sicher, dass Sie nicht zum letzten Mal hierhergekommen sind!

Mühlencafé Oldendorf

 *Hof Oldenbüttel*

Diele und Pferdeställe des traditionsreichen Hofes Oldenbüttel strahlen heute in einem neuen Licht: Mathilde und Fritz Armbrust hatten sich Anfang der 1990er-Jahre entschlossen, das etwa 500 Jahre alte, mit Reet gedeckte Fachwerkhaus zu einem Gasthof umzubauen. Dabei legten sie großen Wert darauf, dass die alten Bauelemente, wie beispielsweise Balken und Fenster, erhalten bleiben konnten. Dennoch erscheinen die Räume des Cafés besonders hell. „Die Gäste sollen zum Verweilen eingeladen werden", verrät uns Mathilde Armbrust, „sie sollen sich rundherum wohlfühlen!" Das Erfolgsrezept klingt ganz einfach: „Hier gehört jeder zur Familie." Von den meisten Gästen kennt Frau Armbrust nicht nur die Namen, sondern auch so manche Familiengeschichte. Egal, wie voll das Café ist, für einen Plausch nimmt sie sich immer Zeit. „Die Leute,

die zu uns kommen, verbringen schließlich ihre kostbarste Zeit mit uns – ihre Freizeit", erklärt sie uns. Ihre Gäste finden immer eine große Auswahl an herrlichen Kuchen vor. „Zwei- bis dreimal in der Woche backen wir die Böden. Zu dritt stehen wir dann in der Küche." Täglich werden die Kuchen und Torten dann vollendet. Heute tun sich vor unseren Augen Joghurt-, Sahne-, Obst- und Schokoträume auf. „Im Sommer bieten wir die fruchtigen und leichten Torten an, im Winter gibt's dann Kuchen mit Marzipan, Nuss und Schokolade", fährt Mathilde Armbrust fort.

Nur im März und Oktober macht das Ehepaar Armbrust ein paar Tage Urlaub. Den Rest des Jahres wird aufgeräumt, eingekauft, gebacken, gekocht und mit viel Herzlichkeit serviert.

Bei einem Besuch auf dem Hof Oldenbüttel werden Sie spüren, wie gut Ihnen das tut!

Anfahrt
Mit dem Auto
B74 (Grüne Küstenstraße)
Abfahrt Hambergen,
Richtung Bahnhof
Oldenbüttel, links ab in
die Oldenbütteler Straße

Essen & Trinken
Frühstück, Mittagstisch,
Kaffeetafel, Abendessen,
hausgemachte Torten und
Kuchen, saisonale Küche

Extras
• Spielplatz

Naturpark Elbufer-Drawehn

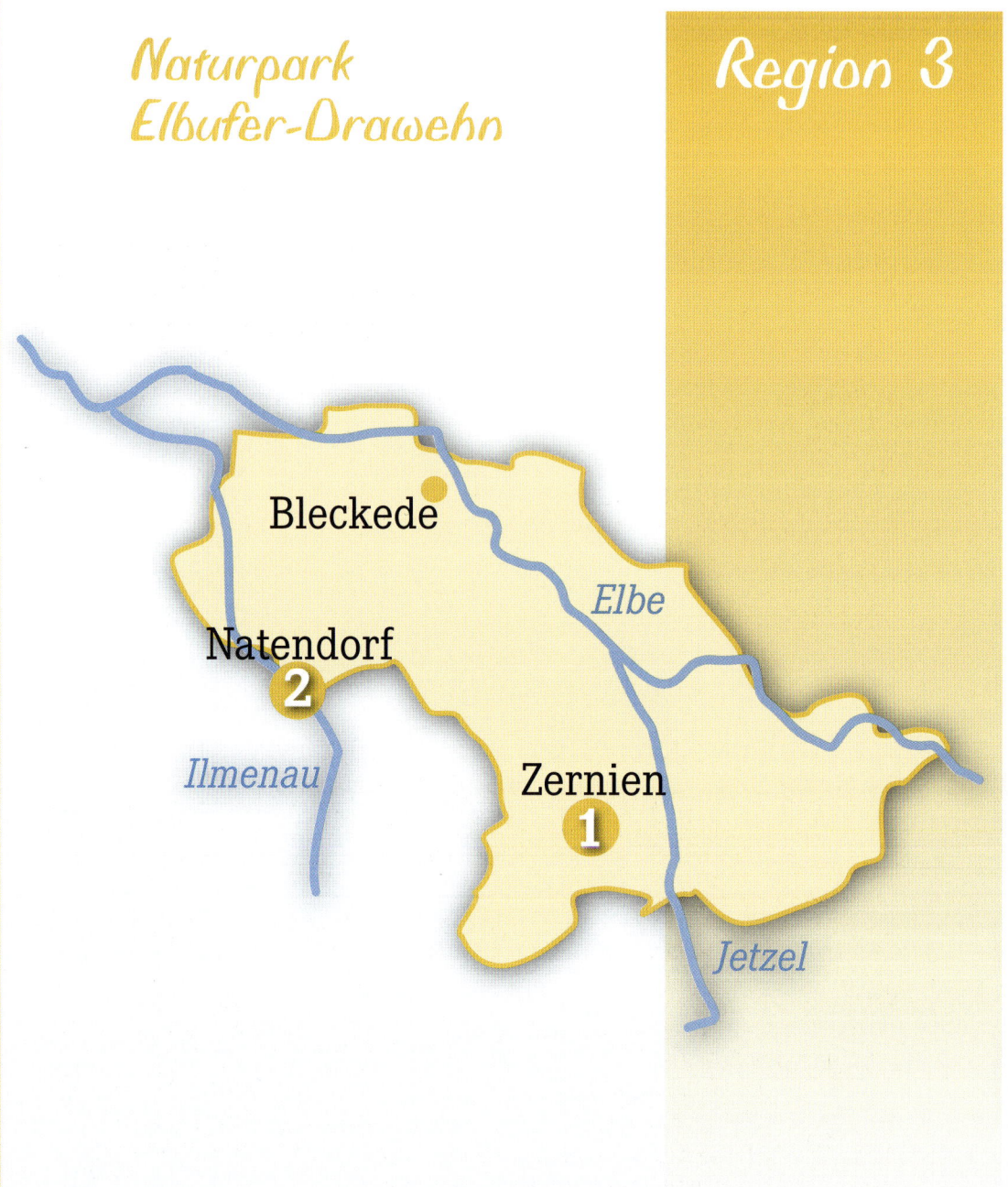

Selliener Dielen-Café

36

Sellien 1
29499 Zernlen
Tel. 0 58 63 - 2 83
Fax 0 58 63 - 18 37

Wiesencafé Hof Haram

38

Oldendorf II
29587 Natendorf
Tel. 0 58 22 - 13 84

Das Biosphärenreservat Niedersächsische Elbtalaue.

An der landschaftlich äußerst reizvollen Elb-uferstraße findet man das kleine Städtchen Hitzacker. Das Leben in Hitzacker, das für eine kurze Zeitspanne sogar einmal Kurort gewe-sen ist, läuft in ruhigen Bahnen. Nur in den Sommermonaten steigern sich das Tempo und die Lautstärke: Während der Musiktage ent-wickelt sich das kleine Städtchen jedes Jahr zur Musikhauptstadt Norddeutschlands. Da-nach nimmt das Leben wieder seinen üblichen idyllischen Gang. Übrigens: Trotz des nörd-lichen Klimas hat der Weinbau in Hitzacker eine lange Tradition. Zwischen Lauenburg und Schnackenburg erstreckt sich an den Ufern der Elbe der Naturpark Elbufer-Drawehn. Kal-ter Krieg und deutsche Teilung haben diese Landschaft für 40 Jahre an den Rand der Land-

karte gerückt. Für die Flora und Fauna dieser Region erwies sich die politische Problemlage als wahrer Glücksfall: Auenwälder und Feucht-biotope, der einzigartige Mischwald der Göhrde, die sich auf etwa 60 km^2 bis in die Schweine-mark zieht, blieben auf diese Weise erhalten. Neben ausgedehnten Kiefernbeständen findet man in der Göhrde 200- bis 300-jährige Eichenwälder. Vom Kniepenberg und dem Höh-beck bei Gorleben aus hat man einen wun-derschönen Blick auf die intakte Landschaft. Auch die Wasserqualität der Elbe und ihrer vielen kleinen Nebenflüsse hat sich in den letz-ten Jahren spürbar verbessert, sodass der Fischfang auf der Elbe eine Art Renaissance erlebt. Einzig der Waldemarturm ist von der Festung der Grafen von Dannenberg übrig

An der Elbe bei Bleckede.

geblieben. In der Stadt findet der Besucher dagegen einige noch gut erhaltene Fachwerkhäuser, deren Ziegelrot in der Sonne leuchtet. Ein sehr beliebtes, traditionelles Ausflugsziel der Dannenberger ist der nahe Penkefitzer See. In ihren ungewöhnlich klangvollen Namen weisen Ortschaften wie Penkefitz, Waddeweitz, Wittfeitzen, Meuchefitz oder Redemoißel auf die besondere historische Situation ihrer Gründer hin. Slawische Siedler, die Wenden, ließen sich seit dem 8. Jahrhundert hier nieder und gaben dem ganzen Ländchen schließlich seinen Namen. Die Dörfer der Wenden mit ihren Fachwerkhäusern aus dem 17., 18. und 19. Jahrhundert sind eine siedlungsgeschichtliche Besonderheit. Alle Häuser des Rundlingsdorfes zeigen mit ihrer Stirnseite auf einen Versammlungsplatz in der Dorfmitte, der von schatten spendenden Bäumen bestanden ist. Nur eine einzige Straße führt in das Dorf hinein. Die Kirche liegt immer außerhalb des Rundlingsdorfes. Ob die Wenden diese Siedlungsform wählten, um sich gegen Angriffe zu schützen, ob der Rundling ein Ergebnis von Hofteilungen oder nur Ausdruck eines besonderen Kommunikationsbedürfnisses ist – mit diesen Fragen beschäftigt sich die Fachwelt. Das Wendland dagegen freut sich auf Menschen, die im Einklang mit der Natur und ihrer Landschaft leben wollen. Auf Störungen und Einmischungen reagieren die Wendländer heftig. Die Auseinandersetzungen um das Atommüll-Endlager in Gorleben sind – zum Teil leidvolle – Belege.

 *Selliener Dielen-Café*

Hilde und Wilfried Gräfke berichten: „Wir begannen mit der Eröffnung des behaglich eingerichteten Dielen-Cafés am 27. Mai 1995 einen neuen Abschnitt in der Geschichte unseres Hofes. Die Idee dazu wuchs in der langjährigen Erfahrung mit der Direktvermarktung landwirtschaftlicher Produkte. Auf den Märkten der Umgebung präsentierten wir unsere „Wendländische Hochzeitssuppe" sowie Kaffee und Kuchen. Mit der Zeit fragten immer mehr Kunden nach diesen Spezialitäten, die wir bis dahin nur zu besonderen Anlässen anboten. Mitte der 1990er-Jahre rentierte sich für uns die Milchwirtschaft nicht mehr. Der alte Kuhstall stand jetzt leer. Das gab uns den letzten Anstoß, ein Café einzurichten. Wir haben beim Umbau des Stalls sehr sorgfältig auf die Materialien geachtet. Etwas anderes als Holz kam da als Baustoff für uns gar nicht infrage. Vielleicht ist das auch

Anfahrt
Mit dem Auto
In Uelzen von der Ham-
brocker Straße rechts in die
Hogrefestraße, dann rechts
in die Wendlandstraße,
B191 Richtung Pieperhöfen,
B191 weiter bis Sellien.

Extras
• Hofladen 8 bis 18 Uhr
• Frühstück, Mittag- und
  Abendessen für Gruppen
  ab 15 Personen nach
  Absprache
• Spielplatz
• Hoffeste

Einkaufen
• Hausgemachte Landwurst
• Spargel
• Kartoffeln
• Brot und Marmelade
• Wildfleisch

Sehenswertes
in der Umgebung
• Rundlingsdörfer und Göhrde

der Grund dafür, dass sich unsere Gäste hier so wohlfühlen.
Beim Umbau des Stalls legten
wir viel Wert auf die Atmosphäre des ganzen Hofes. Seit
1844 ist der Hof im Familienbesitz. Da kann man nicht ganz
plötzlich alles verändern und
die gewachsenen Zusammen-
hänge zerstören." Im Dielen-
Café bieten die Gräfkes eine
Vielzahl fantastischer Torten
an. Unbedingt probieren muss
man ein Stück der Schlosstorte,
die 1999 den ersten Preis beim
ersten Niedersächsischen Tor-
tenwettbewerb gewonnen hat!
Eis und eine wohldurchdacht
zusammengestellte Getränke-
auswahl sowie einige kalte
Speisen ergänzen das Angebot. Bei schönem Wetter können die Gäste es sich auf der
Terrasse gemütlich machen.
Wer die Diele gern für einen besonderen Anlass oder eine Fa-
milienfeier nutzen möchte, findet bei der Familie Gräfke ein
offenes Ohr. Hier bleibt kaum
ein Wunsch unerhört.

Selliener Dielen-Café

 *Wiesencafé Hof Haram*

Adresse
Oldendorf II
29587 Natendorf
Tel. 0 58 22 - 13 84
wiesencafe@t-online.de
www.wiesencafe.de

Öffnungszeiten
Mi - Sa. 14 bis 18.30 Uhr
So und Feiertage
13 bis 18.30 Uhr
Feiern (bis 75 Personen)
nach Vereinbarung

Plätze
120 Caféplätze

Mitten in weiten Feldern und Wiesen ist das Wiesencafé in einer restaurierten Scheune untergebracht. Im Sommer lädt die Café-Terrasse mit Blick auf wogende Sonnenblumenfelder ein. Seit 1997 existiert das Wiesencafé auf dem landwirtschaftlich genutzten und familiär geführten Hof der Familie Haram. Die Idee hierzu entstand aus Frau Harams Hobby heraus, dem Stecken von Seiden- und Trockenblumen, wobei anfangs Kaffee und Kuchen nur zu Ausstellungen gereicht wurden. Über die Ausstellungen kamen nach und nach bäuerliche Produkte, Stoffe und Geschenkartikel hinzu. Im Wiesencafé finden Sie außerdem wechselnde Ausstellungen heimischer Künstler, deren Bilder Sie selbstverständlich auch erwerben können. Wenn es draußen ungemütlich wird, erfüllt der Duft frischen Kaffees und hausgemachter Torten das Wiesencafé. Bekannt geworden sind Gesine Harams Buchweizen-, Kartoffel- und Apfelsekttorten und der hofeigene Laden, in dem sie ihre selbst gefertigten Seiden- und Trockenblumengestecke verkauft. Vor Weihnachten und Ostern gibt es regelmäßig eine Ausstellung mit eigenen kunsthandwerklichen Produkten.

Zutaten für eine Eierlikörtorte

1 1/2 Gläser Preiselbeeren, 100 g Zartbitterschokolade,
5 Eier, 80 g Butter, 100 g Zucker, 1 EL Rum, 8 EL Eierlikör,
200 g gemahlene Mandeln, 400 g Schlagsahne, 1 Pck. Sahne
steif, 2 Pck. Vanillezucker, 75 g Raspelschokolade

Zubereitung der Eierlikörtorte

Schokolade hacken, Eier trennen. Eigelb, Fett und Zucker mit
dem Schneebesen des Handrührgeräts cremig schlagen. Rum,
2 Esslöffel Eierlikör, Mandeln und gehackte Schokolade zufügen
und untermengen. Eiweiß steif schlagen und vorsichtig unter den
Teig heben. Eine Springform (24 cm Durchmesser) mit Back-
papier auslegen und den Teig einfüllen. Im vorgeheizten Backofen (E-Herd 200°C) 25 bis 30 Minuten backen, aus der Form
nehmen und auskühlen lassen. Dann die Preiselbeeren darauf-
geben. Sahne, Vanillezucker und Sahnefestiger mit dem Schneebesen steif schlagen. Ein Viertel der Sahne in einen Spritzbeutel
mit Sterntülle füllen. Mit der restlichen Sahne Tortendecke und
Rand bestreichen. Torte ganz dicht mit Sahnetupfen verzieren.
Raspelschokolade auf den Rand und die Tupfen streuen. Restlichen Eierlikör in die Mitte der Torte gießen und vorsichtig ver-
laufen lassen. Genießen!

Anfahrt
Mit dem Auto
A7 beim AK Soltau-Ost auf
B71, vor Hötzingen links auf
die B209 Richtung Etzen,
von An der Bundesstraße
rechts auf die Soltauer Straße,
Lüneburger Straße, Alte Post
straße, in Drögennindorf rechts
in die Celler Landstraße Richtung Betzendorf, Bardenhagen,
in Velgen links Richtung
Oldendorf II.

Extras
- Wanderungen durch die
  Heidelandschaft
- Damenmode und
  Accessoires

Sehenswertes in der Umgebung
- Lüneburger Heide

Einkaufen
- Agrarprodukte aus der
  Region, Blumengestecke,
  Kunstgewerbe, Bilder

Naturpark Heide

Region 4

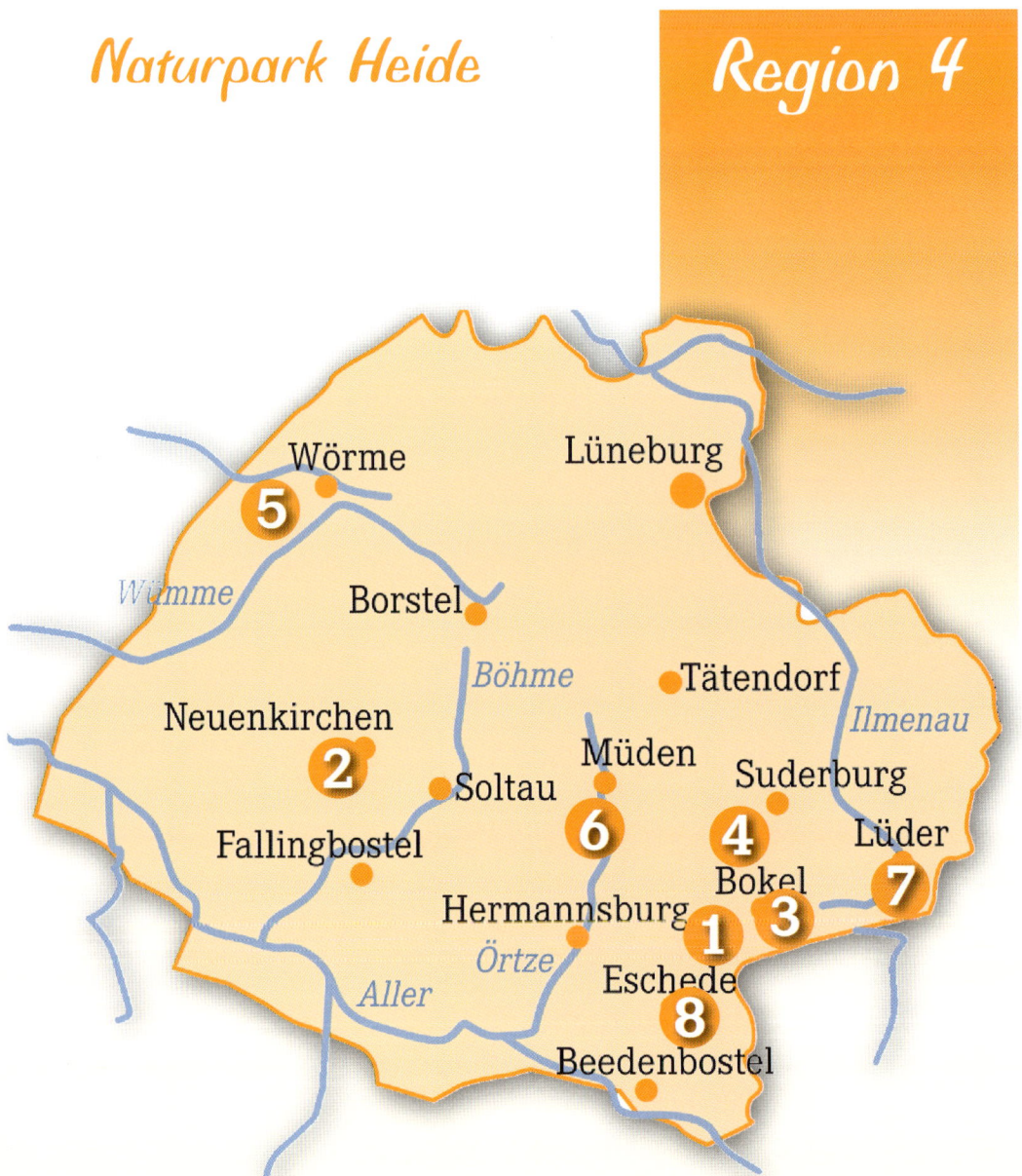

Wörme

Lüneburg

5

Wümme

Borstel

Böhme

Tätendorf

Ilmenau

Neuenkirchen

2

Müden

Suderburg

Soltau

Lüder

6

4

Fallingbostel

Bokel

7

Hermannsburg

1

3

Örtze

Eschede

Aller

8

Beedenbostel

Bauerncafé Rölings Hof

  44

Schulstraße 1 · 29365 Sprakensehl
Tel. 0 50 37 - 6 66 · Fax 0 68 37 - 12 16

Café Wilkens

  46

Bahnhofstraße 11 · 29643 Neuenkirchen
Tel. 0 51 95 - 14 84

Heide-Café Bartels

  48

Zur Günne 16 · 29365 Bokel
Tel. 0 58 37 - 3 59 · Fax 0 58 37 - 98 09

Dorfcafé Alte Schule Hösseringen

  50

Hinter den Höfen 7 · 29556 Suderburg-Hösseringen
Tel. 0 58 26 - 83 43 · Fax 0 58 26 - 83 97

Hofscheune Wörme-Hof Kröger

  52

Im Dorf 8 · 21256 Wörme
Tel. 0 41 87 - 4 41 oder 0 41 87 - 73 66
Fax 0 41 87 - 10 47

Ole Müllern Schün

  54

Alte Dorfstraße 6 · 29328 Müden/Ortze
Tel. 0 50 53 - 9 41 22 · Fax 0 50 53 - 90 35 20

To'n olln Peerstall

  56

Hauptstraße 28 · 29394 Lüder
Tel. 0 58 24 - 9 65 00 · Fax 0 58 24 - 96 50 50

Rosencafé

  58

Südstraße 4 · 29348 Eschede
Tel. 0 51 42 - 41 07 39

Die historische Altstadt in Lüneburg.

Lüneburgs Reichtum gründete sich auf den mittelalterlichen Salzhandel. Um Nahrungsmittel zu konservieren, legte man sie in Salz ein. Salz war wertvoll wie Gold und machte die Lüneburger Kaufleute reich. Ihr Salz wurde bis in den Ostseeraum transportiert, wo es zum Einlegen des fangfrischen Fischs diente, der so in ganz Europa verkauft werden konnte. Um die sogenannten Pfannen, in denen das Salz gewonnen wurde, auf hohe Temperaturen bringen zu können, entstand ein enormer Brennholzbedarf. Die dichten Birken-, Kiefern- und Eichenwälder in der Geestlandschaft zwischen Aller und Elbe wurden kahl geschlagen. Auf den mageren Böden wuchs nichts außer Heidekraut nach. Die Bauern der Region trieben ihre schwarzköpfigen Schafe, die Heid-

schnucken, zum Weiden auf die Heideflächen. Auf diese Weise wurde ein Nachwachsen des Baumbestandes verhindert – nur der Wacholder widersetzte sich dem Schafbiss. Als am Ende des 19. Jahrhunderts die Wollproduktion in eine tiefe Krise geriet, schien die Kulturlandschaft der Heide sehr bedroht. Man sprach von Wiederaufforstung. Die öde, unfruchtbare Fläche hatte aber in der Zwischenzeit eine ganz eigene Attraktivität entwickelt: Künstlerkolonien schossen wie Pilze aus dem Boden, Texte von Hermann Löns machten die Heide und ihre Atmosphäre populär, Naturschützer setzten sich für die typische Landschaft aus Heide, Moor, Laub- und Nadelwäldern, Flussauen und Wiesentälern ein, der Egestorfer Pastor Bode nutzte seine Popularität, um überall für den

So schön blüht das Heidekraut in der Lüneburger Heide.

Erhalt der Kulturlandschaft Heide zu werben, Kaiser Wilhelm II. gestattete eine Lotterie, deren Erlös zum Kauf eines Gebietes rund um den Wilseder Berg, mit 169 m Norddeutschlands höchste Erhebung, bestimmt war. 1910 wurde der „Naturschutzpark Lüneburger Heide" gegründet, der den Bestand der Heidelandschaft sicherte und gleichzeitig als Muster für die deutschen Naturschutzgebiete diente. Die touristische Nutzung begann unmittelbar nach der Gründung des Naturschutzparks. Noch heute zieht die Heideblüte im Spätsommer eine Vielzahl von Besuchern an. Zwischen blühender *Calluna vulgaris* und Wacholderhainen dürfen sich die Gäste allerdings nur zu Fuß oder in Pferdekutschen bewegen, denn das Naturschutzgebiet rund um den kleinen Ort Wilsede ist für den Autoverkehr gesperrt. Das Heidemuseum vermittelt eine Vorstellung vom Leben der Heidjer. Äußerst sehenswert ist der Emmannhof von 1609, der komplett von Emmingen nach Wilsede versetzt wurde. Heidschnuckenbraten und Heideblütenhonig aus dem Nektar der lilafarbenen Blüten erfreuen sich großer Beliebtheit bei den erholungssuchenden Wanderern. In Bad Bevensen (1162 erstmals urkundlich erwähnt) erwarten den Besucher Hügelgräber der Bronzezeit, Wanderungen auf dem Waldlehrpfad, sommerliche Schifffstouren auf dem Elbe Seitenkanal und ein modernes Kurzentrum mit Thermal-Jod-Sole-Hallen. Nahebei liegt der verträumte Ort Bienenbüttel, in dem sich bereits vor Jahrhunderten wohlhabende Lüneburger Patrizier erholten.

 *Bauerncafé Rölings Hof*

Adresse
Inh. Karin Röling
Schulstraße 1
29365 Sprakensehl
Tel. 0 58 37 -666
Fax 0 58 37 - 12 46
info@roelings-hof.de
www.roelings-hof.de

Öffnungszeiten
Mo - Sa. 14 bis 19.00 Uhr
So 11 bis 19.00 Uhr
sowie nach Vereinbarung

Plätze
80 Caféplätze
45 Plätze auf dem Hof
120 Plätze auf der Terrasse

Was gibt es Schöneres, als an Wochenenden in herrlicher Atmosphäre gemütlich Kaffee zu trinken? Seit 1998 lädt Sie das Bauerncafé Rölings Hof im idyllischen Sprakensehl genau zu diesem Vergnügen ein. Die Idee zu dem Café soll beim Ausprobieren des alten Backofens entstanden sein. Bemerkenswert, dass der Backofen ausschließlich mit Holz auf Temperatur gebracht wird. Frau Röling stellt nach alten Rezepten köstliche Butterkuchen und wunderbar duftende Sauerteigbrote her, für die manch einer einen weiten Weg auf sich nimmt, denn Sprakensehl liegt inmitten unverbrauchter Natur und damit fernab von stärker besiedelten Ballungsräumen. Im Ortskern, gleich neben Dorfteich und Kirche, liegt der Hof, der lange Zeit ausschließlich landwirtschaftlich genutzt wurde. Neben den schon erwähnten Köstlichkeiten überraschen die Rölings ihre Gäste immer wieder mit unnachahmlichen Torten. Von heißen Getränken in der kalten Jahreszeit über ein frisches Bier vom Fass bis hin zu einem exquisiten Landfrauenlikör reicht

Anfahrt

Mit dem Auto
Von Celle nach Altencelle
Richtung Lachtehausen,
in Lachtehausen rechts
ab in die Wittinger Straße
Richtung Beedenbostel,
hinter Steinhorn links ab
auf B4 Richtung Sprakensehl.
Das Café liegt in der Dorfmitte neben der Kirche.

Extras

• Ausrichtung von Familienfeiern auf Anfrage

Essen & Trinken

• Selbst gebackene Torten
  und Kuchen, Mittag- und
  Abendessen nach Voran-
  meldung
• Muschel- und Krebsessen
• Wildspezialitäten in den
  Wintermonaten
• Gänseessen in der Vorweih-
  nachtszeit

Sehenswertes
in der Umgebung

• Otterzentrum Hankensbüttel
• Kloster Isenhagen
• Jagdmuseum Oerrel
• Mühlenmuseum Gifhorn
• Celle mit Schloss und
  historischer Altstadt

die abwechslungsreiche Ge-
tränkekarte. Erlesene Tees feh-
len hier ebenso wenig wie eine
exzellente Tasse Kaffee. Für
Junge Gäste gibt es eine Menge
zu entdecken, der einladende
Spielplatz ist nur ein Anlaufpunkt
von vielen. Das Herz der Rölings
aber schlägt für die Musik. In
den Sommermonaten veran-
stalten sie in ihrer Scheune, die
übrigens über eine erstaunliche
Akustik verfügt, in einer locke-
ren Folge Konzerte: Der Span-
nungsbogen reicht vom Jazz-
frühschoppen bis zum großen
klassischen Konzert. Diese Ver-
anstaltungsreihe sollten Sie sich
auf keinen Fall entgehen lassen.
Also: Entspannen Sie sich einmal so richtig im Bauerncafé
Rölings Hof, vergessen Sie den
Alltag, tanken Sie neue Kraft –
die Rölings und ihre Helfer stehen Ihnen dabei sehr wohlwol-
lend zur Seite! Übrigens: Wenn
Sie erst einmal in Sprakensehl
sind, wird es Ihnen ausgesprochen schwerfallen, diesen wun-
derschönen, romantischen Ort
wieder zu verlassen. Aber als Trost
aus dem Munde eines Mitlei-
denden sei Ihnen versichert: Sie
können ja immer wiederkommen.

Bauerncafé Rölings-Hof

 Café Wilkens

Adresse
Bahnhofstraße 11
29643 Neuenkirchen
Tel. 0 51 95 - 14 84
info@heide-urlaub-neuenkirchen.de
www.heide-urlaub-neuenkirchen.de

Öffnungszeiten
April bis Dezember
Freitag, Samstag u. Sonntag
14 – 18 Uhr

Plätze
65 Caféplätze
30 Außenplätze
15 Plätze im „Roten Zimmer"
20 Plätze im „Blauen Zimmer"

Wenn Preiselbeersahne auf feinem Biskuit im Mund zergeht, dann bereut man die Wahl der berühmten Heide-Spezialität ganz sicher nicht; die Rede ist von der Buchweizentorte, hergestellt nach einem uralten Geheimrezept und eines der Highlights im Café Wilkens in Neuenkirchen. Alle Torten, die man hier genießen kann, backt die Inhaberin Jutta Wilkens selbst. Jeder ihrer süßen Verführungen widmet sie besondere Aufmerksamkeit und Liebe zum Detail; manchmal schmücken in Schokolade getauchte Erdbeeren, essbare Blüten in Gelb und Lila oder edle Splitter aus Karamellkrokant, die Torten. Vom Kunstwerk auf dem Teller wandern die Blicke weiter nach oben und streifen die gemalten Balken von Horst Lerche: Es ist Malerei an den Wänden, Blicke durch das Blaue Haus des Künstlers. Nicht weit entfernt kann man es im Grün des Waldes bewundern und wenn die Lust auf Kunst bei Kaffee und Kuchen ihren Anfang findet, sollte man unbedingt die Gelegenheit nutzen und den im Cafe erhältlichen Lageplan der Au-

ßenobjekte studieren. In der Nachbarschaft befindet sich der Kunstverein Springhornhof, wo es neben laufenden Ausstellungen auch Fahrräder zu mieten gibt. Radelnd ist man eine Weile unterwegs, um die über 30 Objekte internationaler Künstler wie Tony Cragg, HAWOLI, Claus Bury, Dan Peterman oder Peter Pommerer zu erleben. Im Anschluss, mit vielen Kilometern in den Beinen und Kunst in den Köpfen, braucht man eine Stärkung und so kann man für Gruppen ebenfalls etwas Herzhaftes im Cafe Wilkens bekommen(mit Vorbestellung), zum Beispiel: "Rund um die Heidschnucke" oder ein italienisches Buffet im stilvollen Ambiente. Ganz im Geiste der Zeit ist auch das Fingerfood von Jutta Wilkens: jedes Häppchen ist ein kleines Kunstwerk. Wer etwas mehr Zeit mitbringt, kann in einer der sehr modernen Ferienwohnungen übernachten, die Aussicht ins nahe gelegene Hahnenbachtal genießen oder auch einmal die Heidschnucken im Verein Schäferhof besuchen.

Anfahrt
Mit dem Auto
A7 Abfahrt Soltau-Ost,
B71 durch Soltau bis nach Neuenkirchen
A1 Abfahrt Stuckenborstel,
B75 bis Rotenburg,
B71 Richtung Soltau bis Neuenkirchen

Extras
• Fingerfood

Sehenswertes in der Umgebung
• Kunstverein Springhornhof
• Verein Schäferhof

Café Wilkens

 Heide-Café Bartels

Adresse
Zur Günne 16
29365 Bokel
Tel. 0 58 37 - 3 59
Fax 0 58 37 - 98 09
www.heide-cafe.de

Öffnungszeiten
Di - Sa. 14 bis 18 Uhr
So 11.30 bis 18 Uhr
sowie nach Vereinbarung

Plätze
120 Innenplätze
150 Außenplätze

Natürlich muss man mindestens einmal im Jahr den wunderbaren Kuchen im Heide-Café Bartels genossen haben. Auch das bekannte Naturschutzgebiet „Bullenkuhle" verspricht immer wieder einen Spaziergang der besonderen Art für Naturliebhaber, aber richtig neugierig haben uns die Gartenausstellungen „Rosenträume" und „Herbstzauber" gemacht. Familie Bartels betreibt das Heide-Café seit 1990. Vorher wurde das Gebäude als Scheune und Stallung genutzt. Als die Landwirtschaft jedoch in die Krise geriet, entwickelten die Bartels eine neue Idee. Eine immer noch steigende Gästezahl ist sicheres Indiz für die Beliebtheit der Torten und Kuchen, die die Chefin alle selbst backt und zum Teil nach alten Familienrezepten herstellt. Dabei kommen nur die besten Zutaten in den Teig. Besondere Erwähnung verdient ihre Buchweizentorte, die mit einer guten Tasse Kaffee jeden Nachmittag aufs Köstlichste ab-

Anfahrt

Mit dem Auto
Von Celle auf der B191 bis
Breitenhees, dann B4 Richtung
Gifhorn. Nach ca. 3 km links
ab Richtung Bad Bodenteich.
Am Ortseingang Bokel links ab
in „Zur Günne".

Extras

- Große, parkähnliche Gartenanlage zum Spazieren und
  Verweilen
- Familienfeiern jeder Art bis
  zu 150 Personen in unserer
  Heidjer-Diele
- Kunsthandwerkermärkte
  im Frühjahr und vor Weihnachten

Übernachtung

- Mit Frühstück im Ort
  möglich

Sehenswertes
in der Umgebung

- Gullenkuhle in Bokel
- Alte gotische Kapelle im Ort
- Otterzentrum Hankensbüttel
- Kloster Isenhagen

rundet. Regionale Gerichte, auf die jeweilige Jahreszeit abgestimmt, finden einen stetig wachsenden Liebhaberkreis. Neben Stint-, Spargel-, Fisch- und Kartoffelessen ist vor allem das Entenessen weit über die Kreisgrenzen hinaus bekannt. Aber das Essen allein ist es nicht, das die Gäste in das gemütliche Café am Ortsrand von Bokel zieht. Ganz in der Nähe beginnt die Heide – viele Gäste beginnen vom Heide-Café aus eine kleine Wanderung oder sie wandeln auf den Spuren von Hermann Löns. Als die Schatten langsam länger werden, gehen wir zurück ins Café und lassen uns von einem herzhaften Imbiss stärken. Dabei gibt es natürlich die eine oder andere Neuigkeit aus der Region zu erfahren. Aber die Rezepte für ihre Torten hütet Frau Bartels nach wie vor wie ihren Augapfel. Macht aber auch nichts! Wenn man den Weg erst einmal gefunden hat, kommt man ohnehin immer wieder!

Heide-Café Bartels

Dorfcafé
Alte Schule Hösseringen

Adresse
Hinter den Höfen 7
29556 Suderburg-Hösseringen
Tel. 0 58 26-83 43
Fax 0 58 26-83 97
info@dorfcafe-hoesseringen.de
www.dorfcafe-hoesseringen.de

Öffnungszeiten
So. u. Mo. 8.30 bis 18 Uhr
Di.-Sa. 8.30 bis 21.30 Uhr

Plätze
40 Caféplätze
(nur Nichtraucher)

„Mein Garten ist etwas sehr Individuelles", erklärt uns Mila Schrader, als sie uns in der sonntagnachmittäglichen Sonne des Frühsommers durch das Grün hinter der alten Schule im Heidedorf Hösseringen führt. Hinter der Schule erstreckt sich die parkähnliche Anlage, in deren Zentrum sich ein Rondell aus Hainbuchen und ein klassischer Bauerngarten finden. Die Gestaltung war zu Beginn eine wahre Herkulesaufgabe, denn – so erinnert sich Mila Schrader – „als wir anfingen, standen hier sehr viele Nadelbäume. Entsprechend düster war der Garten." Davon ist heute nichts mehr zu spüren. Auf der Terrasse hinter der Schule haben sich zu diesem frühen Zeitpunkt bereits einige Gäste versammelt und genießen die selbst gemachten Torten bei einer wunderbaren Tasse Kaffee oder Tee. Über der Terrasse ranken Weinreben an einem patinierten Kupfergerüst, die an heißen Sommertagen luftigen Schatten spenden. Auch die Torten, die wir im Café bestaunen, werden

Anfahrt

Mit dem Auto
B4 Celle–Lüneburg,
Richtung Suderburg,
Richtung Hösseringen

Extras

- Gartenführungen
- Lesecafé in einer alten
  Dorfschule
- Naturnahe, parkähnliche
  Gartenanlage mit Objekten
- Spielecke und Spielplatz
- Schultafel mit Kreide
  zum Spielen
- Kleine Sammlung der
  Alltagskultur

Essen & Trinken

Hausgemachte Torten,Eis,
Imbiss und wechselnde
Speisen

Einkaufen

Hofladen (täglich 6.30 bis
18 Uhr geöffnet): alltägliche,
regionale und schöne Dinge
sowie Bücher

Übernachtung

- Mit Frühstück im Ort
  möglich

**Sehenswertes
in der Umgebung**

- Museumsdorf Hösseringen
- Aussichtsturm
- Hundertwasser Bahnhof
  Uelzen
- Kulturhistorischer
  Wassererlebnispfad
  Hardautal

von Mila Schrader und ihrem Team selbst hergestellt. Als sie mit ihrem Mann in den 1980er-Jahren aus Süddeutschland nach Hösseringen kam, hatte es ihr die alte Schule schnell angetan. Aber auch hier galt es, eine Unmenge von Arbeiten zu erledigen, bevor sich das alte Gebäude in den heutigen Zustand verwandelte. Eine Atmosphäre ist hier entstanden, in der die Gäste in aller Ruhe und Ausgiebigkeit in den alten Schulutensilien stöbern können; in der man sich locker und unge-zwungen fühlen kann, vielleicht wegen der überall gegenwärtigen Kunst und Gebrauchskunst; in der man verwöhnt wird von besonderen Leckerbissen, vor allem aber von einer besonders persönliche Atmosphäre. Inzwischen sind die Fremdenzimmer und Bett-&-Bike Betrieb dazugekommen und als dörfliche und regionale Besonderheit ein Tante-Emma-Laden mit alltäglichen und schönen Dingen. Genießen Sie einen anregenden Nachmittag oder Abend im Dorfcafé Alte Schule in Hösseringen.

Hofscheune Wörme
Hof Kröger

Adresse
Im Dorf 8
21256 Wörme
Tel. 0 41 87-441
oder 0 41 87-73 66
Fax 0 41 87-10 47
mail@hof-kroeger.de
www.hof-kroeger.de

Öffnungszeiten
Nur nach vorheriger
Anmeldung!

Plätze
Backhaus: 15–35 Plätze
Hofscheune: 20–75 Plätze
Große Scheune: 100–450 Plätze
Luellf's Hus: 70–200 Plätze

Ein erster Beleg für Wörme liegt in einer schriftlichen Urkunde aus dem Jahr 1352 vor. Weitere Urkunden aus dem 15. Jahrhundert sowie etwa 31 Nachweise bis 1879 deuten fast alle auf die zwei heute noch bestehenden Höfe in Wörme hin. Hof Nr. 1 befindet sich nachweislich seit Beginn des 17. Jahrhunderts in Familienbesitz, sodass heute die 17. Generation auf dem Hof lebt. Lange Zeit war der Hof ein rein landwirtschaftlicher Betrieb. Die günstige Oberflächengestaltung und zahlreiche Natur-quellen sowie die vorbeifließende Seeve ermöglichten 1895 die Einrichtung der ersten privaten Forellenzucht in Norddeutschland. Durch weiteren Ausbau entstanden zwei heute verpachtete, überregional anerkannte Forellenzuchten. Der landwirtschaftliche Betrieb auf dem Hof Kröger hat sich mittlerweile auf die Haltung von Pensionspferden spezialisiert. Die Pferde werden in modernen Außenboxen und Offenställen gehalten. Die ruhige Lage des Hofes, saftige Seeve-Wiesen und

Anfahrt

Mit dem Auto
A1 Ausfahrt Dibbersen,
auf B75 Richtung Dibbersen,
vor Trelde links ab auf B3
Richtung Sprötze, Höckel,
in Welle links ab in die
Handeloher Straße, in Handeloh links ab in Wörmestraße
Im Dorfe.

Extras
• Heidekutschfahrten in
  historischen Kutschen
• Heidewanderung auf den
  Spuren von Hermann Löns,
• Forstökologische Wanderung
• Fahrradtouren durch den
  Heidenaturpark
• Niederdeutsche Erzählungen
• Heidetänze
• Hofführungen
• Feldarbeit mit Pferd und
  Pflug auf dem Acker
• Ponyreiten

Essen & Trinken
Heidschnuckenbraten,
Forellenspezialitäten vom
eigenen Hof, Wild aus
eigenem Revier, Lehmback-
ofenbrot

Sehenswertes
in der Umgebung
• Kunsttempel „Bossard"
• Schmetterlingspark
  Holm Ooppenbun
• Naturkundliches Museum
• „Alte Schmiede" in
  Handeloh

ein hervorragendes Ausreitge-
lände direkt am Hof bieten beste
Voraussetzungen für den Reit-
betrieb. Im Zuge der Sanierung
historischer Hofgebäude wurde
Ende der 1980er-Jahre ein wei-
terer Betriebszweig, die Gäste-
bewirtung, eingerichtet. Speis
und Trank werden nach Tradition des Hofes und der Region
Heide offeriert. Spezialitäten sind
z.B. Heidschnuckenbraten und
Buchweizenpfannkuchen mit der
Wörmer Lachsforelle. Eine Bewirtung erfolgt ausschließlich
nach vorheriger Anmeldung in

zurzeit zwei Gebäuden: im Historischen Backhaus, in dem
heute noch Brot, Butterkuchen
und andere Spezialitäten im
Lehmbackofen zubereitet werden, und in der Hofscheune. Ausgrabungen deuten darauf hin,
dass seit vielen Jahrhunderten
Backöfen an ebendieser Stelle
standen. Die Dreiständer-Scheu-
ne steht unter Denkmalschutz.
Beide Häuser bilden einen schönen Rahmen für Hochzeiten und
andere Familienfeiern sowie für
Jubiläen, Betriebsausflüge und
ähnliche Anlässe.

 *Ole Müllern Schün*

Adresse
Ria Springhorn
Alte Dorfstraße 6
29328 Müden/Örtze
Tel. 0 50 53-9 41 22
Fax 0 50 53-90 35 20
Mobil 0 172-707 20 78
www.ole-muellern-schuen.de

Öffnungszeiten
täglich 14 bis 18 Uhr
Jun. – Okt. Mo. Ruhetag
Nov. – Mai Mo. u. Di. Ruhetag

Plätze
90 Caféplätze
60 Außenplätze

Der „Müllern Hof" ist das älteste Anwesen in Müden an der Örtze. Das bereits im Jahr 1022 erwähnte Mühlengut wurde im 15. Jahrhundert in den Hof Nr. 1, den „Müllern Hof" mit der historischen Wassermühle, und den Hof Nr. 2, den Martenshof, aufgeteilt. Nach dem Ersten Weltkrieg erhielt der Name Springhorn durch Einheirat Einzug in die Familie Müller. Durch Rückgänge der Erträge in der Landwirtschaft begannen Ria und Karsten Springhorn die Geschicke des Hofes auf neue Beine zu stellen: Die große Scheune wurde Ende 1970er-Jahre ausgebaut und bot zunächst Platz für Kunst- und Handwerksausstellungen. Mitte der 1990er-Jahre machte Ria Springhorn ihre Backleidenschaft zum Beruf und verwirklichte sich mit dem Bauerncafé Ole Müllern Schün. Es umfängt uns der Duft von frischem Kaffee und hausgemachten Kuchen und Torten. Die Markenzeichen des Cafés sind der unverwechselbare rustikale Charme – verbunden mit bäuerlicher Gemütlichkeit –, tra-

Anfahrt

Mit dem Auto
Von Celle auf der B3
Richtung Bergen, abfahren
über Hassel, über Sülze
Richtung Hermannsburg nach
Müden/Oertze.

Extras

* Großzügige, denkmal-
  geschützte Hofanlage
* Historische Parkanlagen
* Flussnähe

Essen & Trinken

Selbst gebackene Torten und
Kuchen sowie kalte Küche

Sehenswertes
in der Umgebung

* Dorfspaziergang
* Historische Wassermühle mit
  wechselnden Ausstellungen
* Löns-Stein
* Heideflächen
* Heidepark, Vogelpark,
  Wildpark
* Celle und Lüneburg

ditionelle Rezepte und die be-eindruckende Größe der Torten- und Kuchenstücke. Draußen auf dem Hof, verlässlich „bewacht" von alten Findlingen, lassen wir unsere Blicke schweifen. Frau Springhorn findet einen Moment Zeit für uns und klärt uns schnell auf: „Es ist eine Mischung aus Leidenschaft und Professiona-lität und die Liebe zum Detail, die mich zum Backen gebracht hat. Es finden nur die Zutaten den Weg in den Teig, die Fül-lungen und in die aufwendigen Verzierungen der Kuchen und Torten, die meinen Ansprüchen an Frische und Qualität ent-sprechen und den Geschmack eines jeden Backwerks einzig artig werden lassen." Nach dem Kaffee und einem Stück lecke-rer „Meistertorte" (Frau Spring-horn war 2006 norddeutsche Tortenmeisterin) finden wir den Weg in die neue Gartenanlage des „Müllern Hofs", die in der Zeit von April bis Mai 2008 auf der Grundlage historischer Zeichnungen und Fotos durch die Familie Springhorn geplant und neu angelegt wurde.

Ole Müllern Schün

To'n olln Peerstall

Adresse
Hauptstraße 28
29394 Lüder
Tel. 0 58 24-96 50 0
Fax 0 58 24-96 50 50
service@bauernhofhotel.de
www.bauernhofhotel.de

Öffnungszeiten
täglich ab 14 Uhr

Plätze
120 Caféplätze

Wenn Bauer Mielmanns Stimme über den Hof schallt, heben die Pferde kurz den Kopf. Sie wissen, was jetzt kommt. Gerade fährt ein Bus mit Ausflüglern durch das weite Tor auf den Bauernhof in Lüder am Rande der Heide. Wenige Minuten später sitzen die Gäste dann schon in traditionellen Kutschen, vor denen die Pferde geduldig auf ihren Auftritt warten. Dann geht es los: Über kleine Feldwege führt Herr Mielmann seine Gäste heute durchs Moor, in dem die Wollgrasblüte langsam dem Ende entgegengeht. Wenn der Frühling vorbei ist, vergehen nur ein, zwei Monate, bis die Heide-blüte einsetzt. Dann führt er seine Gäste sachkundig durch die Ausläufer des Heidegebietes. Er weiß eine Menge zu erzählen vom Moor, von der Heide, den Leuten hier, seinen Gästen und den geliebten Pferden. Heinrich Mielmann ist hier aufgewachsen, und er ist fest verwachsen mit seiner Heimat. Das spüren die Gäste schnell – sie fühlen sich wohl auf dem Erlebnisbauernhof. Kutsch- und Planwagenfahrten können sie als Frühstücks-, Mittags- oder Kaffeefahrt unternehmen. Nach der Ausfahrt landen die Gäste im Bauerncafé, wo es dann entweder ein herzhaftes Frühstück,

Anfahrt
Mit dem Auto
Von Celle nach Westercelle, Altencelle, Beedenbostel, Celler Straße, Eldingen, Steinhorst, hinter Steinhorst links auf B4 Richtung Sprakensehl, Behren, Bokel, Reinstorf, vor Bodenteich Richtung Lüder, von Hinter der Aue rechts ab in die Hauptstraße.

ein Mittagessen mit Eintopf und Bockwurst oder leckeren, selbst gebackenen Kuchen mit frischem Kaffee gibt. Die Speisekarte des Bauerncafés ist ausgesprochen reichhaltig. Eine besondere Spezialität ist der Kartoffelhof. Hier können Sie Pellkartoffeln, Bratkartoffeln oder Gratins mit Kartoffeln aus eigenem Anbau genießen. Auf dem Hof finden Kinder und Neugierige immer etwas Interessantes. Da gibt es eine große Scheune voller alter Kutschen und Gerätschaften. Katzen schauen verschlafen aus dem Wageninneren und lassen sich von der Betriebsamkeit auf dem Hof nicht aus der Ruhe bringen. In dem neu eingerichteten Wintergarten hinter dem Bauerncafé lassen sich Familienfei-

ern ausrichten, oder es wird auf eigene Faust am offenen Feuer gegrillt und gefeiert. Lüder selbst rühmt sich als „Ort der tausend Eichen". Wir haben sie nicht alle gezählt, aber irgendwie könnte es schon stimmen. Und hinter dem Hof, über eine kleine Brücke, da beginnt schon das Moorgebiet. Sie können hier lange Spaziergänge durch eine intakte Naturlandschaft unternehmen und sich gleichzeitig von Herrn Mielmann alles übers Moor erzählen lassen. Für Feriengäste hält Bauer Mielmann in einem Nebenhaus praktisch eingerichtete Ferienwohnungen und Einzelzimmer bereit. Gruppen oder interessierte Familien finden im Heuhotel eine zünftige Unterkunft.

Extras
- Kaffee- und Eisspezialitäten, Waffeln
- Streicheltiere
- Großer Kinderspielplatz mit Kinderhaus
- Hannoveraner Kaltblutzucht
- Kutsch- und Planwagenfahrten nach Anmeldung

Essen & Trinken
Hausgemachter Kuchen, deftige Mahlzeiten

Übernachtung
Hotel, Ferienwohnungen, Heuhotel

Sehenswertes in der Umgebung
- Naturschutzgebiet Lüder Bruch
- Moor-, Luft- und Kneippkurort Bad Bodenteich

To'n olln Peerstall

 Rosencafé

Adresse
Südstraße 4
29348 Eschede
Tel. 0 51 42-41 07 39
info@rosencafé-eschede.de
www.rosencafé-eschede.de

Öffnungszeiten
1. Mai bis 31. Oktober
Mi. – So. 14 bis 18 Uhr
1. November bis 30. April
Sa. und So. 14 bis 18 Uhr

Plätze
45 Caféplätze
weitere auf der Gartenterrasse

Das Wetter sieht gar nicht so vielversprechend aus, als wir ins Auto steigen. Aber wir sind optimistisch, denn in der Region um Eschede haben wir noch immer genügend Sonnenstrahlen eingefangen. Unser Ziel, von dem wir schon viel Gutes gehört haben, ist das Rosencafé. Als wir in die Südstraße einbiegen, verschwinden auch die letzten Wolken, und das alte Bauernhaus, das um 1880 erbaut worden ist, liegt in seiner ganzen Schönheit vor uns. Es herrscht ziemlicher Betrieb, denn die Tor-

ten und Kuchen, die Frau Cichy nach alten Rezepten herstellt, haben den Ruf des Cafés weit über die Grenzen der Region getragen. Dennoch findet sie Zeit und Muße, uns voller Stolz von ihrem Café zu erzählen. „Wir haben das alte Fachwerkhaus mit viel Liebe saniert. Dabei haben wir sehr sorgfältig darauf geachtet, dass sich der Stil des Hauses nicht verändert", erklärt uns Frau Cichy. Dann führt sie uns in den herrlichen Garten, in dem es nach Rosen duftet, in dem sich aber auch andere Blu-

men finden. Auch hier haben die Eigentümer darauf geachtet, den Grundgedanken des Bauerngartens zu bewahren. „Wenn es unseren Gästen in der Sonne zu heiß wird, dann bietet der Innenhof eine wunderbar ruhige und schattige Alternative", sagt Frau Cichy. Bevor wir uns hier niederlassen und uns mit Kaffee und herrlicher Torte verwöhnen lassen, schlendern wir noch ein wenig durch den alten Ortskern Eschedes. Die malerische Johanniskirche verleiht unserem kleinen Aus-

flug einen wahrhaft romantischen Charakter. Uns ist klar: Wir sind nicht zum letzten Mal zum Rosencafé in Esche aufgebrochen!

Anfahrt
Mit dem Auto
In Esche rechts auf die Albert-König-Straße einbiegen, Richtung Scharnhorst / Eldingen, dann in die Südstraße.

Extras
• Aktuelles findet man auf der Homepage des Rosencafés.

Sehenswertes in der Umgebung
• Otterzentrum Hankensbüttel
• Kloster Isenhagen
• Jagdmuseum Oerrel
• Mühlenmuseum Gifhorn
• Celle mit Schloss und historischer Altstadt

An Weser und Aller

Region 5

Forsthaus Heiligenberg

 64

Heiligenberg 3
27305 Bruchhausen-Vilsen
Tel. 0 42 52-9 32 00
Fax 0 42 52-93 20 20

Café zum Brinkhof

 66

Teufelsmoor 4
27711 Osterholz-Scharmbeck
Tel. 0 47 96-95 10 95
Fax 0 47 96-95 10 96

Wunderschön: Das Teufelsmoor.

Nördlich von Bremen erstreckt sich das Teufelsmoor. Hier wächst nichts, der Boden ist unfruchtbar. Drei Schichten Torf, die sich über einen Zeitraum von ca. 8000 Jahren gebildet haben, lassen sich im Teufelsmoor voneinander unterscheiden. Die unterste Ablagerung wird als „Klipp" oder „geiler Torf" bezeichnet, in der Mitte findet man schwarze Torfablagerungen und zuoberst liegt der weiße Torf. Das Torfstechen stellte über einen langen Zeitraum die einzige Einnahmequelle der Menschen im und am Moor dar. Im Torfschiffswerft-Museum in Schlußdorf bei Worpswede können sich Besucher ein Bild davon machen. So mussten die Frauen die Torfkähne ziehen, während der Torfbauer am Steuer stand. Im 18. Jahrhundert begannen Holländer mit der Kolonisation des Moores. Sie

deichten Wümme und Hamme ein und entwässerten das Moor mit Gräben. Die Gräben und Kanäle entwickelten sich zu den eigentlichen Verkehrsadern des Teufelsmoors. 1884 entdeckte der junge Maler Fritz Mackensen zufällig das einsame Dorf Worpswede am Rande des großen Moores. Mit einigen anderen Künstlern ließ er sich hier 1889 nieder. Die jungen Künstler wollten in der freien Natur malen, die Kunst der Hörsäle und Ateliers widerte sie an. Sie suchten nach neuen Wegen in der Kunst und im Zusammenleben. Zeitweilig wohnten auch Hans am Ende, Otto Modersohn, Fritz Overbeck, Heinrich Vogeler, Paula Becker-Modersohn und Rainer Maria Rilke in Worpswede. Die Künstlerkolonie wendete sich radikal gegen die Konventionen der Kunst und der Gesellschaft.

Das historische Schnoorviertel in Bremen.

Vielleicht hat diese Radikalität auch den Ort Worpswede geprägt. Vogeler, aufgrund eines an den Kaiser gerichteten Friedensappells zeitweilig in einer Irrenanstalt interniert, residierte im Barkenhoff, den er ebenfalls ganz nach seinen Vorstellungen gestaltete. Das Café Worpswede und der Bahnhof des kleinen Dorfes wurden ebenfalls im Jugendstil gestaltet. Beeindruckend wirkt auch heute noch der expressionistisch gestaltete Niedersachsenstein. Heute bietet Worpswede jungen Fotografen, Bildhauern, Malern und Schriftstellern Stipendien und Arbeitsmöglichkeiten. Die Mischung aus idyllischer Landschaft und künstlerischer Lebensweise zieht immer noch viele Gäste aus aller Welt an, die hier auf den Spuren des Expressionismus und des Jugendstils wandeln.

Das „Breite Wasser" in der Nähe der Hamme mit seinem Knopf- und Wollgras ist für die Besucher besonders eindrucksvoll. Bad Bederkesa, dessen Burganlage im 15. Jahrhundert im Auftrag des Bischofs von Bremen errichtet wurde, liegt in der Nähe eines Kanals, der zur Geeste führt. Dieser Fluss mündet wiederum in die Weser. Voller Stolz können die Bewohner des kleinen norddeutschen Städtchens von sich sagen, dass sie direkt an der Wasserstraße vom Mittelmeer zum Nordkap wohnen. Da ist der etwa 200 Hektar große Bederkesaer See, nicht weit entfernt liegt die Flögelner Seenplatte; Elbe und Weser findet man gewissermaßen direkt vor der Haustür. Segeln, Surfen, Angeln gehören hier zum Alltäglichen. Wälder und saftige Wiesen laden zum Wandern und zu Radtouren ein.

 *Forsthaus Heiligenberg*

Adresse
Heiligenberg 3
27305 Bruchhausen-Vilsen
Tel. 0 42 52-9 32 00
Fax 0 42 52-93 20 20
hotel@forsthaus-heiligenberg.de
www.forsthaus-heiligenberg.de

Öffnungszeiten
Mo. – So. durchgehend
geöffnet

Plätze
120 Caféplätze

Inmitten satten Grüns leuchtet uns das Weiß der äußerst prächtigen Fachwerkbauten entgegen. Unter den Sonnenschirmen auf der Terrasse hat sich bereits eine ansehnliche Gästeschar versammelt. Alles atmet Ruhe und Gelassenheit. Wir sind augenblicklich gefangen von der Atmosphäre und beschließen nicht weiterzuwandern, sondern den Tag hier zu genießen. Die Betreiberin Frau Brüning erzählt uns, wie wichtig es ihr ist, dass ihre Gäste auch ihren Geruchssinn schärfen. Der Bauerngarten mit seinen herrlichen Blumen und den unzähligen Duftrosen ist Beleg dafür. Im Restaurant werden vor allem regionale und saisonale Produkte verarbeitet – nur die Weinkarte ist international. Besonderen Zuspruch finden die frischen Forellen und der Martfelder Ziegenkäse, die von der Speisekarte nicht wegzudenken sind. Das gemütlich und stilvoll eingerichtete Restaurant verfügt über einen Kamin, der auch in den kalten Jahreszeiten Behaglichkeit

Anfahrt

Mit dem Auto:
Das Erholungsgebiet
Heiligenberg erreichen Sie
über die B6.
Der Weg zum Forsthaus ist
gut ausgeschildert und über
die herrlichen Wander- und
Radwege ist das Forsthaus
zu Fuß sowie mit dem Fahrrad
angenehm zu erreichen.

Essen & Trinken

Café- und Restaurantbetrieb,
hausgebackener Kuchen,
regionale Spezialitäten wie
Diepholzer Moorschnucke,
Wild, frische Forellen, Spargel,
Pilze, Familienbrunch

Extras

- Ausrichtung von Tagungen,
  Seminaren etc.
- Hochzeiten
- Familienfeiern
- Waldspielplatz
- Kutschfahrten
- Stallbesichtigung
- Kulinarischer Kalender
- „Wohlfühl-Arrangements"

Übernachtung

Hotel mit 31 Zimmern
(davon 4 Suiten)

Sehenswertes in der Umgebung

- Hof Brüning
  landwirtschaftlicher Betrieb
  mit Hannoveraner Pferde
  zucht
- 5 verschiedene Mühlen
  (wind- und wasserbetrieben)
- Wasserspielplatz
- Museumseisenbahn

garantiert. Zweimal im Jahr erscheint der Kulinarische Kalender. Dieser bietet einen Überblick über die sehr vielfältigen kulturellen Attraktionen und saisonalen Spezialitäten, die im Forsthaus angeboten werden. Für Interessierte bietet Familie Brüning auch Führungen an, z.B. zur Pferdezucht. Nur hundert Schritte vom Haus entfernt liegt ein wunderschöner Waldspielplatz. Die äußerst idyllische Lage des Hauses bietet einen besonderen Rahmen für Tagungen und Seminare.

Ob drinnen oder inmitten des Grüns, hier tagt es sich einfach gut. Das Rahmenprogramm wird hier für individuell zusammengestellt und lässt keine Wünsche offen. Das Forsthaus Heiligenberg wurde als eines der besten Tagungshotels in Deutschland ausgezeichnet. Das Erholungs- und Landschaftsschutzgebiet Heiligenberg liegt inmitten der sanften Hügel des Geestrückens. Hier findet man ein gut ausgebautes Radwegenetz wie auch sehr interessante Wanderwege.

Forsthaus Heiligenberg

 Café zum Brinkhof

Adresse
Teufelsmoor 4
27711 Osterholz-Scharmbeck
Tel. 0 47 96-95 10 95
Fax 0 47 96-95 10 96
cafezumbrinkhof@gmx.de
www.cafe-zum-brinkhof.de

Öffnungszeiten
April bis Oktober
Mi. - So.13 bis 18 Uhr
November bis März
Sa und So. 13 bis 18 Uhr
sowie nach Vereinbarung

Plätze
100 Caféplätze
60 Außenplätze
rollstuhlfahrergeeignet

Das Café zum Brinkhof liegt inmitten landwirtschaftlich genutzter Wiesen- und Weideflächen. Das sehr schöne alte Fachwerkhaus ist von Bäumen umgeben und hebt sich mit seinen freundlichen Rottönen klar vom Grün der Landschaft ab. Der Hof mitten im Naturschutzgebiet „Breites Wasser" steht unter Denkmalschutz. Das alte Niedersachsenhaus wurde 1816 errichtet und wird noch heute als landwirtschaftlicher Betrieb voll bewirtschaftet. Im Schatten alter Bäume, in deren Wipfeln man ein beständiges Rauschen hört, bietet das Café im Sommer mit einer sehr schönen Terrasse ein herrliches Plätzchen an, an dem man bei einer Tasse Kaffee den wunderbaren selbst gebackenen Kuchen in der freien Natur genießen kann. Auf der gemütlichen Bauerndiele präsentiert die Familie Wellbrock ländliche Möbel und Antiquitäten. Die Räume des Cafés sind geschmackvoll eingerichtet, der alte Steinboden vermittelt ein typisch ländliches Lebensgefühl. Neben dem Kuchen steht im Sommer natürlich auch Eis

Anfahrt
Mit dem Auto:
A27 Ausfahrt Bremen Ihlpohl,
B74 Richtung Stade,
Abfahrt Worpswede/Pennig-
büttel, nach ca. 5 km in
Teufelsmoor zweiter Hof auf
der rechten Seite

Essen & Trinken
Hausgemachter Kuchen,
Mittag- und Abendessen
nach Vereinbarung

Einkaufen
Selbst gebackenes Brot,
Wurst- und Fleischwaren,
Käse, Eingemachtes,
Antiquitäten, Gemälde,
Keramik, Souvenire, Bücher

Extras
• Melkhus zum Brinkhof
  geöffnet von April bis
  November 10 bis 19 Uhr

Übernachtung
Ferienwohnungen

Sehenswertes
in der Umgebung
• Künstlerdorf Worpswede
• Bremen
• Schifffahrtsmuseum
  Bremerhaven
• Zoo am Meer in
  Bremerhaven
• Vogelpark Walsrode
• Märchenpark Verden

auf der Karte, was besonders
die Kinder freuen dürfte. Fa-
milien- und Weihnachtsfeiern
gehören ebenso zum Repertoire
der Wellbrocks wie die Veran-
staltung von Kohlfahrten im
Winter. Seit 2005 gibt es auch
einen neuen Raum, die „Brink-
hof-Diele". Hier kann man ge
mütlich seinen Kaffee trinken
und gleichzeitig durch eine
Glaswand in den Kuhstall bli
cken. Näher kommt man dem
Bauernhof wohl kaum. Aber
auch für Gäste, die mit dem
Fahrrad oder dem Auto weiter

nach Worpswede reisen wollen, lohnt sich ein Zwischen-
stopp auf dem Brinkhof. Dann
können sie die Buchweizentorte
nach altem Hausrezept ausprobieren oder erfahren, was
ein Moorteufel ist. Eine besondere Spezialität der Wellbrocks sind die Bratkartoffeln
mit Knipp, deren Duft viele
Gäste geradezu magisch anzu-
locken scheint. Aber ganz bestimmt werden sie den wundervollen Blick in Erinnerung
behalten, den man auf die weit-
läufige Wiesenlandschaft hat

Café zum Brinkhof

Die berühmten Bremer Stadtmusikanten.

Die schöne Hansestadt Bremen liegt direkt an der Weser und zählt mittlerweile mehr als 500 000 Einwohner. Bremens Innenstadt mit dem historischen Marktplatz, dem Rathaus und natürlich dem Wahrzeichen der Stadt: der Skulptur von Gerhard Marcks, den „Bremer Stadtmusikanten", hat für alle Architekturbegeisterten eine Menge zu bieten. Das Bremer Rathaus und die Roland-Statue als weltweites Symbol für Freiheit und Marktrecht sind seit 2004 sogar UNESCO-Weltkulturerbe der Menschheit. Auch die Bundeswasserstraße der Weser fließt mitten durch die Innenstadt, in den Häfen liegen neben dem Theaterschiff Bremen auch das Schulschiff Deutschland und das Hotelschiff Perle, die liebevoll umgebaut wurden und heute für Übernachtungen und Veranstaltungen zur Verfügung stehen. Weitere Sehenswürdigkeiten und Freizeitangebote in und um Bremen sind der Bürgerpark und Stadtwald, das Kunsthaus KUBO, die OASE im Weserpark, das Papageienschutzzentrum oder der Lufthansa Flugsimulator. Hier ist für jeden Geschmack etwas dabei. Das gut ausgebaute öffentliche Verkehrsnetz in Bremen bringt Sie mit Bus, Bahn und Straßenbahn ganz unkompliziert an Ihr Ziel. Oder aber Sie erkunden Bremen ganz einfach mit dem Fahrrad. Dieses können Sie sich an einer der vielen Radstationen ausleihen. Ganz egal ob entlang der Weser, mitten durch die Stadt oder auf einem der Radfernwege ins Bremer Umland – auf den vielen Radwegen in und um Bremen gibt es eine Menge zu entdecken. Überzeugen Sie sich am besten selbst und statten Sie der vielseitigen Freien und Hansestadt Bremen einen Besuch ab!

Der Bremer Roland.

Das historische Rathaus in Bremen.

Hansestadt Bremen

Die Weser bei Nacht.

Ein altes Segelschiff an einem Anleger in Bremen.

Entlang der Ems

Region 5

Ems

Haren

Hase

Meppen

Nordhorn

Vechte

Emsbüren

1

Bauernhofcafé In't Hürhus

74

Mehringen 19
48488 Emsbüren
Tel. 0 59 03-65 60

Ein wahres Schmuckstück: Ein historisches Segelschiff

Zwischen Salzbergen im Süden und Papenburg im Norden erstreckt sich das Emsland: kleine Wäldchen, satte Wiesen, weite flache Felder, Heide und Moor und natürlich die Ems, die behäbig durchs Land fließt. Malerische Dörfer, einsame Birkenalleen, Bäche und ungezählte Fehnkanäle, die sich von Zeit zu Zeit zu kleinen Seen mit flüsterndem Schilfrohr verdichten, ergänzen das Bild einer weitgehend naturbelassenen Landschaft. Über die Kanäle und Abzugsgräben begannen die ersten Kolonisationsversuche. Immerhin bedecken auch heute noch Moore und sumpfige Flächen große Teile des Emslandes: Durch das Bourtanger Moor im Westen verläuft die Grenze zu den Niederlanden, im Norden liegen das Wilde Moor und das Wesermoor, im Osten die weiten Flächen des Hahnenmoors und der Speller Dose. Über die flachen Ebenen ist der Windberg mit seinen 73 m Höhe weithin sichtbar. Der Windberg ist die höchste Erhebung des Hümmlings. Im Friesischen bezeichnet Hümmel oder Humpel eine Anhöhe, einen Buckel oder Höcker. Heute offenbart sich der Hümmling mit den ihn umgebenden Mooren als gastliches Ausflugs- und Feriengebiet. Die beste Methode, um Land und Leute kennenzulernen und den Charakter der Landschaft zu „erfahren", ist, sich auf der 285 km langen Emsland-Route mit dem Fahrrad zu bewegen. Wenn ganz plötzlich Regenschauer übers Land ziehen, bieten unzählige kleine Holzhütten am Rand des Wanderweges Unterschlupf. Vor rund 250 Jahren ließ Fürstbi-

Die Ems in Leer.

schof Clemens August bei Sögel ein Jagdschloss errichten. Der Festungsbaumeister J. C. Schlaun verteilte acht Palais für Gäste und Personal regelmäßig um das achteckige Zentralgebäude mit vier quadratischen Flügeln. Sandsteinreliefs verzieren die Ziegelmauern, die in einem warmen Rotton gehalten sind. Die gesamte Anlage ist von dichtem Laubwald umgeben. Am Zusammenfluss von Ems, Hase und Radde liegt Meppen. Sein prächtiges Rathaus mit Giebel im Renaissancestil wurde im 17. Jahrhundert umgebaut und erhielt zu jener Zeit sein heutiges Aussehen. Auffällig ist die orangefarbene Fassade der Meppener Gymnasialkirche. Heute treffen sich in Bad Bentheim Erholungsuchende und Kurgäste. Die Thermal- und Schwefelbäder sind weit über die Landesgrenzen hin bekannt. In früheren Zeiten lockte wohl eher die Silhouette der Burg Maler und Romantiker an. Tatsächlich ist die Festungsanlage von Bad Bentheim die mächtigste in Nordwestdeutschland. Sie geht auf eine alte Fluchtburg germanischer Stämme zurück. 1680 ließ der bischöfliche Rentmeister von Meppen die Burg Haren zu einem wundervollen Wasserschloss umbauen. Schloss Dankern besteht aus Vor- und Hauptburg sowie Wirtschaftsgebäuden. Immer wieder stehen bewundernd Besucher vor dem Portal aus Sandstein, das mit aufwendigen Steinmetzarbeiten verziert ist. Heute beherbergt Schloss Dankern ein Ferienzentrum mit Ferienhäusern und bietet attraktive Sportmöglichkeiten.

Bauernhofcafé In't Hürhus

Adresse
Mehringen 19
48488 Emsbüren
Tel. 0 59 03-65 60
www.bauernhofcafe-emsbueren.de

Öffnungszeiten
Di –So 14 bis 19 Uhr
und nach Vereinbarung
Frühstück: So ab 10 Uhr
(auf Anmeldung)
Di - Sa für Gruppen
nach Vereinbarung

Plätze
70 Caféplätze
Gartenterrasse

Die Sonne scheint über dem Bauernhofcafé. Unter schattigen Bäumen sitzen bereits Scharen von Gästen an den hübschen Gartentischen aus Holz und blauem Eisen. Die Tür zum Café steht weit offen und das freundliche Personal in adretter weißer Kleidung mit dunkelblauen Schürzen eilt geschäftig hin und her. Sie tragen dabei wahre Kunstwerke von Torten nach draußen, die die Augen der Gäste leuchten lassen. Dazu zieht der Duft von frischem Kaffee in unsere Nasen. Viele Gäste schauen noch in den kleinen Hofladen und versorgen sich mit Kartoffeln, Honig oder Eiern von frei laufenden Hühnern. Sie können sicher sein, dass alle Produkte auf ihre Qualität hin besonders geprüft sind und aus der Region stammen. Wir genießen ein herzhaftes, frugales Mahl, auch wenn wir den Blick kaum von den verlockenden Tortenspezialitäten lassen können, bevor wir uns in die Irre

Anfahrt
Mit dem Auto:
A30 Abfahrt 6 (Salzbergen-
Emsbüren) Richtung Emsbüren,
nach 2 km dem Hinweisschild
folgen.

Essen & Trinken
Hausgemachter Kuchen, selbst
gebackenes Brot, deftige Brot-
platten, Herzhaftes aus der
Pfanne, rustikales Bauernfrüh-
stück, plattdeutsche Speisekarte

Einkaufen
Kartoffeln, Schinken,
Mettwurst, Honig, Marmeladen, Gelees, Liköre, einge-
legte Früchte, Eier von frei
laufenden Hühnern, Geschenkartikel, Geschenkgutscheine
und -körbe, Bücher

Extras
• Spielplatz
• Swingolf

Sehenswertes
in der Umgebung
• Kartpark Emsbüren
• Freilichtmuseum
• Heimathof Emsbüren
• Burg Bentheim
• Enkings Mühle
• Wasserschloss Dankern
  mit Freizeitpark
• Naturlehrpfad
• Historischer Pfarrgarten
• Kirche in Emsbüren

führen lassen. Unmittelbar neben dem Bauernhofcafé In't Hürhus gibt es nämlich ein einzigartiges Erlebnis: Wenn der Mais gewachsen ist und seine Halme über die Köpfe der Menschen ragen, wird das Feld für Besucher freigegeben. Im Maisfeld betreten wir ein weitverzweigtes Labyrinth mit Sackgassen und kreisförmig angelegten Wegen, die die Orientierung erschweren und uns so manches Mal verwirren. Bisher sind wir am Ende allerdings doch immer wieder herausgekommen aus diesem Labyrinth im Maisfeld, aber jedes Jahr reizt uns dieses Erlebnis aufs Neue. Nach wahrhaft epischen Irrungen erreichen wir nach einer Stunde wieder das Café. Und diesmal gönnen wir uns zur Belohnung ein riesiges Stück Torte, das uns die Dame vom Café mit einem fröhlichen Lächeln serviert. Sie weiß mit Sicherheit jetzt schon, dass wir im nächsten Jahr wieder da sein werden.

Bauernhofcafé In't Hürhus

Tulpen und Windmühlen, das typische Klischee.

Unsere Nachbarn „in Orange" sind viel mehr als Käse, Windmühlen, Tulpen, Hausboote und Fahrräder. Gerade für Städtereisende gibt es hier eine Menge zu entdecken. Allen voran natürlich die Hauptstadt Amsterdam mit Sehenswürdigkeiten wie dem Van Gogh Museum für Kunstliebhaber, den vielen kleinen Kanälen, den Grachten, die die Stadt weltberühmt machen oder die vielen Brücken. Rotterdam, die Architekturstadt der Niederlande, hat unzählige Wolkenkratzer und andere architektonische Einzigartigkeiten zu bieten. Am bekanntesten in Rotterdam ist natürlich der größte Seehafen in Europa – jährlich werden hier mehrere hundert Millionen Tonnen an Gütern umgeschlagen. Nicht zu vergessen ist die beliebte niederländische Königsfamilie, die ihre Hauptresidenz im Palast Noordeinde in Den Haag hat. Hier finden Städtereisende neben der Königsfamilie und dem Regierungssitz auch den Internationalen Gerichtshof. Sie haben sich schon immer gefragt, wo der Gouda-Käse herkommt? Dann statten Sie dem sympathischen Städtchen Gouda in den Niederlanden doch mal einen Besuch ab. Die historische Altstadt ist wirklich sehenswert und neben dem weltbekannten Käse finden Sie hier noch ganz andere Köstlichkeiten, wie zum Beispiel die Sirupwaffeln. Aber auch die vielen kleinen Inseln im Nordosten des Landes sind auf jeden Fall einen Besuch wert. Mithilfe des sogenannten „Island-Hopping" können Sie die Inseln alle nacheinander erkunden, ohne dabei das Festland zu überqueren. Kurzum – unsere sympathischen Nachbarn haben einiges zu bieten, überzeugen Sie sich doch ganz einfach selbst während eines Trips durch die Niederlande!

UNESCO Weltkulturerbe: Die Windmühlen in Kinderdijk.

Hollandräder an einer Brücke in Amsterdam.

Die Niederlande.

Rotterdam.

Ein Kanal in Amsterdam mit Hausbooten.

Die Niederlande

Naturpark
Teutoburger Wald
und Dümmer

Region 7

Café im Speicher

82

Engter Bach 12
49565 Bramsche / Engter
Tel. 0 54 68-93 97 77

Darpvenner Diele

84

Knostweg 4
49179 Ostercappeln-Venne
Tel. 0 54 76-91 14 73
Fax 0 54 76-91 14 74

Externsteine im Teutoburger Wald.

In Gesmold gabelt sich die Hase: Ihr Hauptarm mündet bei Meppen in die Ems. Ihr Nebenarm, die Else, wendet sich nach Osten und erreicht die Werre, die schließlich bei Porta Westfalica in die Weser mündet. Die Hase und ihr gespaltener Lauf scheinen charakteristisch für das Osnabrücker Land. Letzteres ist flach, von Mooren und Geestflächen bestimmt, und liegt zwischen der eher träge dahinfließenden Ems und der Weser, die auf ihrem Weg zur Nordsee immerhin noch den einen oder anderen Höhenzug zu durchschneiden hat. Man kann auch nicht leugnen, dass bereits hier der Einfluss der See und ihres Klimas spürbar wird. Über einen langen Zeitraum erhielt sich Osnabrück die politische Selbstständigkeit als Zentrum des Hochstifts Osnabrück, erst in der napoleonischen Zeit fiel es an das Königreich Hannover. „Hannöversch" wurden die Osnabrücker bis heute nicht, sie blieben Westfalen. Selbst der König in Hannover sprach von ihnen als von seinen „westfälischen Untertanen". Andererseits sind Osnabrücks Berührungspunkte mit den Sachsen nicht gerade unbedeutend. Nach den schweren Zerstörungen im Zweiten Weltkrieg glänzt Osnabrück heute mit einem aufs Sorgfältigste sanierten Stadtbild, das neben alten Bürgerhäusern, prachtvollen Kirchen und einer lebendigen Gastronomie auch Galerien und Künstlerwerkstätten prägen. Nördlich von Osnabrück erstreckt sich das Bersenbrücker Land. Die Fürstenauer Berge und das Artland geben dieser Region ihren unverwechselbaren Charakter. Die fruchtbaren Böden des Artlandes ließen prachtvolle Höfe entstehen,

Teutoburger Wald.

deren Fachwerk vom Wohlstand seiner damali gen Bewohner zeugt. Traditionelle Bauerngärten werden von kunstvoll geschnittenen Taxushecken geziert. Es verwundert nicht, dass in einer solchen Umgebung auch die Küche eine besondere Bedeutung hat. Im Bersenbrücker Land wird gern herzhaft gegessen, mit Vorliebe Schweinernes. Wer fleißig bei der Arbeit ist, so heißt es, der darf das auch bei Tisch sein. Das Giersfeld bei Bersenbrück birgt einen besonderen Schatz. Acht Großsteingräber, die nach Auffassung der mittelalterlichen Bevölkerung nur von Riesen errichtet worden sein konnten, legen aufs Eindrucksvollste Zeugnis ab von Jenseitsvorstellungen und Begräbnistraditionen der Jungsteinzeit. Frühere Theorien gingen auch von einer astrologisch beeinflussten Motivation der ver-

meintlichen Riesen aus. Fest steht jedenfalls, dass das Grab von Hekese genau auf den Sonnenuntergang des 21. Juni ausgerichtet war, den Tag der Sommersonnenwende. Auf Schloss Iburg erblickte im Jahr 1688 Sophie Charlotte von Hannover das Licht der Welt. Sie war die Tochter des Fürstbischofs Ernst August von Braunschweig-Lüneburg und heiratete später den Preußenkönig Friedrich I. Unter ihrem Einfluss kam Leibniz an den Berliner Hof, nach ihr ist das Schloss Charlottenburg benannt. Iburg liegt auf einem Bergkegel, der schon sehr früh besiedelt worden ist. Im 11. Jahrhundert erweiterte sich die Burg zur Residenz, gleichzeitig kam es zu einer Klostergründung. Im 1656 begonnenen Rittersaal ist die erste perspektivische Deckenmalerei Deutschlands erhalten.

1   *Café im Speicher*

Adresse
Holtkamp & Holtkamp GbR
Engter Bach 12
49565 Bramsche / Engter
Tel. 0 54 68-93 97 77
WILYHOLTKAMP@osnanet.de
www.cafe-im-speicher.de

Öffnungszeiten
ganzjährig
Mi – So. 14.30 bis 18.30 Uhr
jeden zweiten Sonntag im
Monat großes Frühstücks-
büfett nach Voranmeldung

Plätze
46 Caféplätze
20 Außenplätze
barrierefrei

Seit September 2001 betreibt die Familie Holtkamp in ihrem historischen mehrstöckigen Speicher aus dem Jahr 1726 ein gemütliches Landcafé. Schon von Weitem leuchten uns die Ziegel mit dem markanten Fachwerk entgegen: Man kann den Speicher einfach nicht übersehen. Wurden hier früher einmal Zigarren gedreht, so weht heute der frische und anregende Duft von Kuchen, Tee und Kaffee durch die Räume des Fachwerkgebäudes. Hausgemachte Torten und selbst gebackenes Brot mit deftigem Aufschnitt von gediegener Qualität haben den guten Ruf des Cafés in der Gegend als beliebtes Ausflugsziel gefestigt. Die reizvolle Lage am Rande des Wiehengebirges (Ausläufer des Teutoburger Waldes), die Nähe der Ausgrabungsstätte „Varusschlacht" (Kalkriese), das Tuchmachermuseum (Bramsche) sowie der Fernradweg Osnabrück–Bremen führen viele Besucher in das Café. Gäste, die einmal das Café besucht haben, sind von der angebotenen Qualität überzeugt und kehren immer wieder gern zurück, um sich verwöhnen zu lassen. Neben kuli-

Anfahrt
Mit dem Auto:
A1 / E22 Richtung Bremen /
Hittfeld bis Anschlussstelle
Bramsche (68), halb rechts
abfahren von A 1 / E 37, weiter
auf H A0 / LL 02 Richtung
Bramsche / Engter, links
abbiegen auf B 218 (Bramscher
Allee) Richtung Engter,
in Engter halb rechts halten
auf die Vördener Straße,
links ab auf Engter Bach.

Essen & Trinken
jeden zweiten Sonntag Früh-
stücksbüfett, Kaffeetafel, hausgemachte Torten und Kuchen

Extras
- Spielplatz
- private Feiern ab
  10 Personen
- kleine Konzerte
- monatlich wechselnde
  Kunstausstellungen

Übernachtung
Gasthof Schlatsburg
Bramscher Allee 111
49565 Bramsche
Tel. 0 54 68-3 95

Hotel Idingshof
Bührener Esch 1
49565 Bramsche
Tel. 0 54 61-88 90

Sehenswertes
in der Umgebung
- Tuchmachermuseum
- Tuchmanufaktur in Bramsche
- Ausgrabungen der Varus-
  schlacht in Kalkriese
- Kloster Malgarten
- Dümmer, Alfsee
- Osnabrück mit historischer
  Altstadt

narischen Köstlichkeiten werden Kunsthandwerk sowie monatlich wechselnde Kunstausstellungen (Grafik, Malerei und Skulptur) unter dem Spitzdach präsentiert. Das Parkett glänzt im Licht der Dachfenster, als wir den Spitzboden erreichen. Wir hätten einen solch herrlichen Ausstellungsraum nicht erwartet. Mit viel Liebe fürs Detail und die Tradition des Hauses ist hier ein moderner Präsentationsraum für Kunst entstanden. Die leuchtenden Acrylfarben der großformatigen Bilder verwandeln den Spitzboden scheinbar in einen exotischen Garten. Als wir den Spitzboden wieder verlassen, nehmen wir uns fest vor, wiederzukommen, wenn hier oben, in diesem besonderen Licht, Skulpturen gezeigt werden, denn hieran hängt unser Kunstherz ganz besonders. Mehrmals im Jahr finden kleinere Konzerte statt, die allein schon wegen der intimen Atmosphäre der Räume gut besucht sind, denn schließlich kann man von der Galerie das Geschehen im Erdgeschoss ausgezeichnet verfolgen. Im Winter sorgt das Holzfeuer für einen zusätzlichen Wohlfühleffekt.

Café im Speicher

 **Darpvenner Diele**

Adresse

Knostweg 4
49179 Ostercappeln-Venne
Tel. 0 54 76-91 14 73
Fax 0 54 76-91 14 74
info@darpvenner-diele.de
www.darpvenner-diele.de

Öffnungszeiten

Di - Do 14 bis 18 Uhr,
Fr 14 bis 22 Uhr,
Sa und So 9.30 bis 22 Uhr

Plätze

60 Caféplätze
30 Außenplätze

Die Ortschaft Venne kann auf eine lange Geschichte zurückblicken. Bereits 1074 wird die Venner Mühle erstmals urkundlich erwähnt. Auf der Mühleninsel steht ein Backhaus aus dem Jahr 1694. Nach unserer Wanderung freuen wir uns auf die Darpvenner Diele. Seit 1997 betreibt die Familie Dahl auf der umgebauten Diele ihres Bauernhauses in Darpvenne ein Hofcafé. Wo heute Gäste das selbst gebackene Brot und den hausgemachten Kuchen genießen, standen früher Kühe und Pferde. Die Dahls haben sich bemüht, den bäuerlichen Charakter ihres Hofes zu erhalten, auch wenn der landwirtschaftliche Betrieb bereits 1980 eingestellt wurde. Für hungrige Wanderer bietet das Café kleine herzhafte Speisen. Auch die jüngeren Gäste sind hier gern gesehen. Tiere zum Anfassen und genügend

Platz zum Toben und Spielen machen auch den Nachwuchs schnell zu Stammgästen. Überhaupt hat es sich in Windeseile herumgesprochen, dass ein Besuch auf der Darpvenner Diele auf jeden Fall lohnt. Dafür sorgen auch die von Landfrauen hergestellten Spezialitäten und ihre Freizeit- und Hobbyarbeiten, die im Café verkauft werden. Auch für einen längeren Urlaub hat die Familie Dahl ein attraktives Angebot: Drei großzügig und modern ausgestattete Ferienwohnungen mit vier und fünf Betten stehen für Gäste bereit, die Urlaub auf dem Land zu schätzen wissen. In direkter Nähe zum Ferienhof liegt der Pferdezucht- und Ausbildungsstall der Familie Mohr. Hier erhalten Feriengäste Reitunterricht oder können Ponyausritte und eine Planwagenfahrt mit dem Eselexpress unternehmen.

Anfahrt

Mit dem Auto
Ab Osnabrück-Süd (A 30; A 33) auf A 33 bis Abfahrt Osnabrück-Schinkel, auf die B 51 Richtung OS-Schinkel, rechts in die Bremer Str., links in die Weberstraße, links in die Haster Straße, rechts in den Power Weg, Borgwedder Straße, rechts ab in den Knostweg.

Extras

- Streichelgehege mit Meerschweinchen und Kaninchen
- Freigehege mit Hängebauchschweinen, Ziegen, Gänsen und Hühnern, Ponyreiten
- Spielplatz
- Kutschfahrten
- Stallbesichtigung
- Kindergeburtstagsfeiern

Übernachtung

Ferienwohnungen

Sehenswertes in der Umgebung

- Venner Mühleninsel,
- Freilichtmuseum Kalkriese (Varusschlacht)
- Dümmer und Alfsee
- Freilichtmuseum Bramsche
- Wiehengebirge
- Venner Moor

Rund ums Steinhuder Meer

Region 8

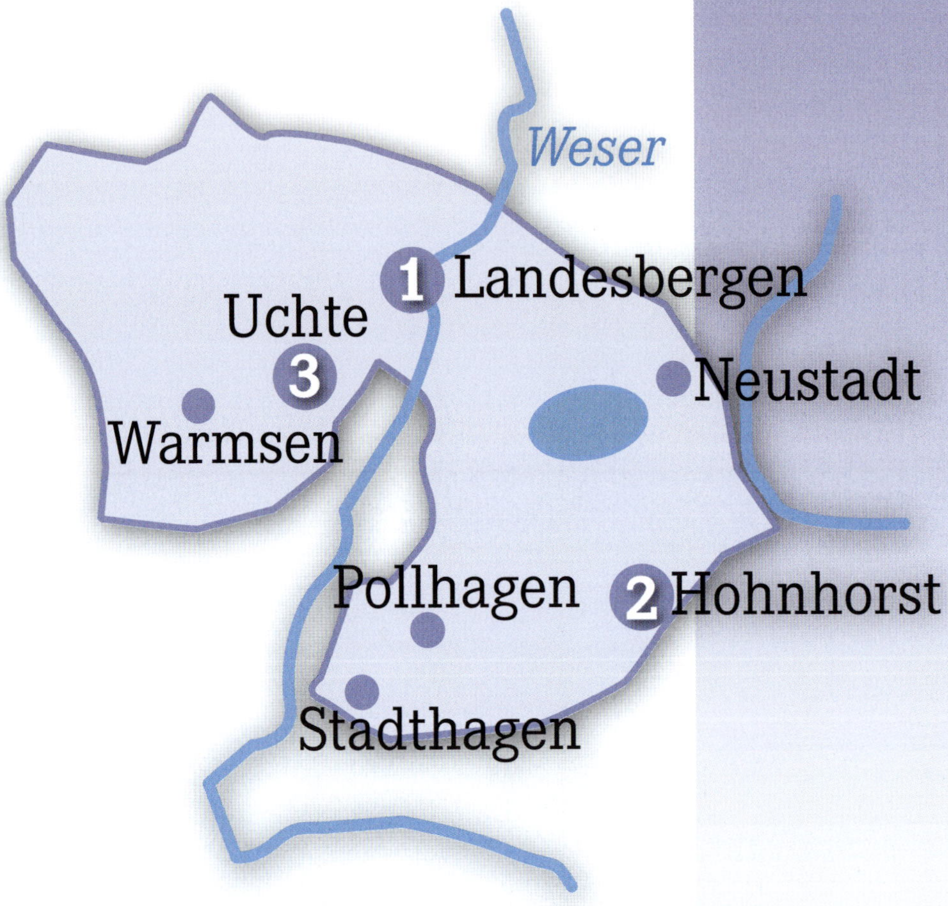

Weser

1 Landesbergen

Uchte

3

Warmsen

Neustadt

Pollhagen **2** Hohnhorst

Stadthagen

Bickbeernhof-Café

90

Brokeloher Hauptstr. 37
31628 Landesbergen/OT Brokeloh
Tel. 0 50 27-17 86
Fax 0 50 27-81 05

Hofcafé Bruns Nr. 2

92

Hauptstraße 25
31559 Hohnhorst
Tel. 0 57 23- 85 30
Fax 0 57 23-98 66 40

Hof Frien

94

Höfen 13
31600 Uchte
Tel. 0 57 63-15 90
Fax 0 57 63 9 31 72

Das Schloss in Stadthagen.

Durch die letzten Höhenzüge des Weserberglandes bahnt sich die Weser ihren Weg auf die Westfälische Pforte zu. Entlang ihrer Ufer findet man schmucke Städtchen mit sehenswerten Bauwerken, vornehmlich aus der Zeit der Weserrenaissance. In der Rattenfängerstadt Hameln trifft der Besucher gleich auf ein fast geschlossenes Ensemble dieser steinernen Zeugen von Wohlstand und Kultur, wenn er Oster- und Bäckerstraße folgt. Weiter weserabwärts liegt Rinteln. Die ehemalige Universitätsstadt zieht sich an einem der unzähligen Weserbögen entlang. In ihrem Zentrum liegen das Rathaus mit dem vorgelagerten Marktplatz und die Nikolaikirche, die im 18. Jahrhundert ihren barocken Aufsatz erhielt. Sie erinnert an den heiligen Nikolaus, den Schutzpatron der Kaufleute und Schiffer. Ganz in der Nähe, im idyllischen Möllenbeck, steht eine nahezu vollständig erhaltene Klosteranlage aus dem 9. Jahrhundert. Wer sich für Architektur interessiert, kann an dieser wahren Kostbarkeit nicht vorbeigehen. Etwas abseits vom Lauf der Weser liegt die Residenzstadt Bückeburg. Bis 1918 war sie Hauptstadt eines eigenen Reichslandes. Im 16. Jahrhundert bereits wurde das Schloss zu einer der frühesten Barockanlagen Deutschlands umgebaut. Die Stadtkirche, in der Johann Gottfried Herder gepredigt hat, dominiert als zweite Sehenswürdigkeit das Stadtbild, das Wohlstand und Gediegenheit ausstrahlt. Quell des Reichtums waren die Kalksandsteine, die für die Bauten der Weserrenaissance weit über die Region hinaus ge-

Segelboote auf dem Steinhuder Meer.

handelt wurden. Im Schlosspark zu Bückeburg kann man einen Blick in das gigantische Mausoleum werfen, das die Verstorbenen des Fürstenhauses Schaumburg Lippe aufnimmt. Die Festung Wilhelmstein im Steinhuder Meer, dem Segelrevier vor den Toren Hannovers, ließ Graf Wilhelm I. von Schaumburg-Lippe in der Zeit von 1761 bis 1767 auf einer künstlich aufgeschütteten Insel errichten. Sie hat vier Bastionen und eine Zitadelle, die eine Militärschule beherbergte. Ein gräfliches Unterseeboot mit dem bezeichnenden Namen „Steinhuder Hecht" soll im flachen Wasser des Steinhuder Meeres erfolgreich operiert haben. Es ist nicht sicher, ob Ludwig der Fromme das Stift St. Maria in Obernkirchen wirklich gegründet hat. Heute kann man in dieser

Kleinstadt im Schaumburger Kreis vor allem die Bausubstanz des 16., 17. und 18. Jahrhunderts bewundern. Die Mühle und die Zehntscheune des Klosters sind noch erhalten. Zu erwähnen ist noch der am Rande dieser Region gelegene Mittellandkanal, auf dem 1916 erstmals Schiffe zwischen Hannover und Minden verkehren konnten. Der Kanal veränderte das Leben in der landwirtschaftlich geprägten Region drastisch. Vor allen Dingen zu Beginn dieser Entwicklung war es ein ernstes Problem, dass viele Männer sich von der wenig gewinnbringenden Landwirtschaft abwandten und auf Schleppern oder Binnenschiffen anheuerten. Ein eindrucksvolles Bauwerk ist die Schachtschleuse in Minden, eine Art Wasserstraßenkreuz mit Hebewerk.

Bickbeernhof-Café

Adresse
Brokeloher Hauptstr. 37
31628 Landesbergen/
OT Brokeloh
Tel. 0 50 27-17 86
Fax 0 50 27-81 05
bickbeernhof@t-online.de
www.bickbeernhof.de

Öffnungszeiten
April und Mai
Sa. und So. von
10.00 - 18.00 Uhr
Juni - Ende September
täglich von 09.00 - 18.00 Uhr
Oktober
Sa. und So. von
10.00 - 18.00 Uhr

Plätze
200 Caféplätze

Wo liegt der Unterschied zwischen Blaubeere, Heidelbeere und Bickbeere? „Heidelbeere" und „Blaubeere" bezeichnen einen nord- beziehungsweise mitteleuropäischen, mittelhohen Strauch aus der Familie der Heidekrautgewächse mit blauen oder schwarzen essbaren, sehr aromatischen Früchten. Bei den Kulturheidelbeeren handelt es sich überwiegend um die Amerikanische Heidelbeere. Seit jeher werden diese Sträucher etwa einen bis drei Meter hoch und tragen deutlich größere Früchte. Im Plattdeutschen haben die Blaubeeren die Bezeichnung „Bickbeern" erhalten. Natürlich können die Gäste ihre Bickbeern auch selbst pflücken und im Zusammenspiel mit frischer Sahne und den herrlichen Waffeln, die es hier im Bickbeernhof-Café als besondere Spezialität zu kosten gibt, genießen. Längst hat sich auf dem Bickbeernhof der Bio-Anbau durchgesetzt. Es liegt ja auch nahe, dass Gesundes unter natürlichen Bedingungen noch gesünder sein kann. Wer übrigens die Plantage oder die nähere Umgebung erkunden will, der

Anfahrt
Von Hannover über B 6
Richtung Neustadt,
über Husum nach Brokeloh.
Von Minden über Leese,
Landesbergen nach Brokeloh.

Extras
- Hoffeste
- Dreirädor und Roller
  für Kinder
- Urmoorführung
- Spaziergänge durch das
  Moor und die Plantagen
- Renaturierte Moorflächen,
  abwechslungsreiche Flora
- Hofladen

Einkaufen
Im Hofladen: heimische und
internationale Produkte und
Spezialitäten aus ökologischem
Anbau, Heidel- und Himbeeren,
Kartoffeln, Honig, Marmelade,
Eier, Souvenirs

Essen & Trinken
Mittagessen, Bickbeernwaffeln,
Kartoffelpuffer, Hefeklöße, Eis-
becher, hausgemachter Kuchen

Übernachtung
Dreschhof Fam. Meinzen
31628 Landesbergen / Brokeloh
Tel. 0 50 27-9 80 80
www.dreschhof.de

Sehenswertes
in der Umgebung
- Kloster Loccum
- Handarbeitsausstellung
  Gosewehr
- Stadtführung Nienburg/
  Weser
- Dinosaurierpark
  Münchehagen
- Steinhuder Meer
- Neustadt
- Wilhelm-Busch-Haus

kann den Wanderweg nutzen
oder auf Anmeldung an einer
Hofführung teilnehmen. So viel
haben wir auf jeden Fall ver-
standen: Die Blaubeeren sind
ganz besondere Früchte. Auf
dem Weg zum neuen Hofladen,
in dem noch weitere landwirtschaftliche Produkte, aber auch
Souvenirs und Kunstgewerbe
verkauft werden, zeigen uns die
Betreiber, Familie Herse, voller
Stolz den selbst angelegten
Spielplatz, den nicht nur die eigenen Kinder mit Begeisterung
nutzen. Im Laden erstehen wir
ein Körbchen Bickbeern, um uns

zu Hause selbst von der Heil-
wirkung der kleinen blauen
Früchte zu überzeugen. Glück-
lich und zufrieden machen wir
uns auf den Rückweg.

Bickbeernhof-Café

 Hofcafé Bruns Nr. 2

Adresse
Hauptstraße 25
31559 Hohnhorst
Tel. 0 57 23-85 30
Fax 0 57 23-98 66 40
hofcafe-bruns-nr2@t-online.de
www.hofcafe-bruns.de
www.fewoh-bruns.de

Öffnungszeiten
Mai bis September
11 bis 19 Uhr
Oktober bis April
Mi – So 14 bis 19 Uhr
sowie nach Vereinbarung

Plätze
80 Caféplätze
20 Plätze im Backhaus
50 Plätze im Garten
barrierefrei

Die Idee für das Hofcafé entstand, als man in der Familie über eine neue Nutzung der traditionsreichen Scheune auf der Hofanlage nachdachte. Das Gebäude wurde sorgfältig restauriert und im Dezember 2003 war es dann endlich so weit. Seither hat sich das Café zu einem wahrhaften Magneten entwickelt. Das Fachwerkhaus liegt im Grünen unter alten Bäumen. In den Sommermonaten ist der Kräutergarten erfüllt von emsigem Summen. Besucher werden aber ebenso angelockt vom kräftigen Duft der Gartenkräuter. Wer will, kann hier auch eine Menge erfahren über den Anbau und die Verwendung typisch norddeutscher Kräuter. Frau Bruns, die das Café leitet, bietet regelmäßig Kräuterseminare an. Auf sehr geschmackvollen und bequemen Gartenmöbeln im Schutz von Sonnenschirmen finden wir bereits eine ganze Reihe von Gästen vor, die ebenfalls den Weg nach Hohnhorst gefunden haben. Alle Kuchen und Torten, die Familie Bruns anbietet, sind selbst gebacken und – je nach Jahreszeit – mit Obst aus dem eigenen Obstgarten belegt. Im Hofladen kann man in aller

Mit dem Auto
A2, Abfahrt Bad Nenndorf,
400 m auf B65, rechts ab auf
B442 Richtung Wunstorf, nach
4,5 km links nach Hohnhorst

Mit der Bahn
Bis S-Bahnhof Haste,
ca. 1,5 km bis zum Café

Extras
• Bilder und Objekte in der
  Galerie im Obergeschoss
• Spiel- und Bastelecke
• Kletterbaum
• Schafe
• Hoffeste
• Trachtenmodenschau
• Hof-, Garten- und Dorf-
  führungen
• Samstags Backtag im alten
  Backhaus

Essen & Trinken
Flammkuchen aus dem Ofen,
Torten und Kuchen nach Jahres-
und Erntezeit, selbst gebackenes
Brot, Frühstück nach Verein-
barung, samstags Brot- und
Zuckerkuchen-Backtag

Übernachtung
3 Ferienwohnungen, ein Doppelzimmer mit Dusche/WC im
Backhaus

Sehenswertes
in der Umgebung
• Steinhuder Meer
• Bückeburg,
• Rinteln
• Bad Nenndorf
• Steinzeichen Steinbergen
• Wandern im Deister
• Sehr gut ausgebautes
  Radwegenetz

Ruhe Produkte der Region erstehen. In dem von der Familie
Bruns selbst wieder aufgebau-
ten, 240 Jahre alten Backhaus
finden wöchentlich Backtage
statt. Dort werden nach traditionellem Rezept Steinofenbrot
und Schaumburger Plattenku-
chen abgebacken, die zum Ver-
zehr im Café und zum Mitneh-
men im Hofladen angeboten
werden. Ein ganz besonderes
Erlebnis erwartet uns im Obergeschoss der ehemaligen Durch-
fahrtsscheune: Hier ist eine mo-
derne Galerie entstanden, in der
regelmäßig Skulpturen und Gemälde unterschiedlicher Künstler gezeigt werden. Wieder zurück im Café, bewundern wir die
freigelegten starken Balken, die
die Decke tragen. Wir können
uns gut vorstellen, hier an einem
der Kaffeeseminare von Frau
Bruns teilzunehmen, eine gute
Tasse Kaffee mit einem Stück
des exzellenten Kuchens zu genießen oder einfach nur die
Seele baumeln zu lassen. Aber
bei herrlichem Sonnenschein
ziehen wir natürlich den Auf-
enthalt im Garten vor. Wir wünschen Ihnen viel Vergnügen,
wenn Sie es uns demnächst
gleichtun im Hofcafé Bruns in
Hohenhorst!

 *Hof Frien*

Adresse
Höfen 13, 31600 Uchte
Tel. 0 57 63-15 90
Fax 0 57 63-9 31 72
info@hoffrien.de
www.hoffrien.de

Öffnungszeiten
Do - Fr 14 bis 22 Uhr
Sa 9 bis 22 Uhr
So 9 bis 21 Uhr

Plätze
200 Caféplätze
100 Außenplätze

Wir nähern uns bis auf einige Kilometer Niedersachsens Nachbarbundesland Nordrhein-Westfalen. Am Ortsausgang von Uchte liegt der wunderschöne Hof Frien zwischen alten Eichenbeständen. Das Hofcafé ist in der ehemaligen Diele untergebracht. Die vielen Tische und Stühle passen wunderbar zu den rustikalen Deckenbalken, die überall gut sichtbar geblieben sind. Auf einem kleinen Rundgang sehen wir uns auch die anderen Räume an: Im Ka-minzimmer erwartet uns ein herrlicher gemauerter Kamin. Hier möchten wir verweilen, wenn es draußen kalt, stürmisch und ungemütlich ist, unseren Tee, heiße Schokolade oder heißen Kaffee trinken und uns von Torten und Kuchen nach den Rezepten der Familie verwöhnen lassen. Wir vergessen alle Hektik und den Stress der Stadt und lassen uns ein auf die Ruhe und Gelassenheit, die das alte Haus und der unwiderstehliche Duft von frischem Kaffee aus-

Mit dem Auto
A 2 Ausfahrt Wunstorf-Luthe
auf B 441 Richtung Wunstorf,
B 441 weiter (bei Leese links ab
weiter B 441) Richtung Uchte.

Extras
• Spielplatz, Streichelgehege
• Ponyreiten
• Treckerfahren
• Kutschfahrten
• Stallbesichtigung

Essen & Trinken
hausgebackene Kuchen und
Torten, Mittag- und Abendessen nach Absprache

Einkaufen
selbst gebackenes Brot,
Wurst- und Fleischwaren, Käse,
Eingemachtes, frische Nudeln,
Obst und Gemüse der Saison,
Geschenkartikel

Übernachtung
Ferienwohnungen

Sehenswertes
in der Umgebung
• Tierpark Ströhen
• Porta Westfalica
• Schifffahrten auf Mittel-
landkanal und Weser
• Moorgebiet

strahlen. Auch für die kleinen Gäste ist hier gesorgt: Ein toller Spielplatz lädt zum Austoben an der frischen Luft, ein echtes Highlight sind aber auch das Streichelgehege, das Ponyreiten, die Trecker- und Kutschfahrten oder die Besichtigung des Stalls. Kurzum – während Mama und Papa in Ruhe ihren Kaffee oder Tee bei einer der vielen hausgemachten Köstlichkeiten genießen, können die Kinder sich hier auf dem sehr abwechslungsreich gestalteten Hof beschäftigen. Gut gestärkt nehmen wir uns noch etwas Proviant für unseren Weg aus dem eigenen Hofladen mit: selbst gebackenes Brot, Käse, Wurst- und Fleischwaren sowie frisches Obst und Gemüse. Nun können wir uns den vielen Sehenswürdigkeiten in der näheren Umgebung, wie dem Schloss Bückeburg, dem Westfälischen Industriemuseum oder dem Dinosaurierpark in Münchehagen, widmen. Auch hier ist für Groß und Klein etwas dabei!

Hof Frien

Nördlich von Braunschweig

Landcafé Neubokel

100

Alter Kirchweg 2a
38518 Gifhorn OT Neubokel
Tel. 0 53 71-1 35 33
Fax 0 53 71-1 35 34

Café und Weinstube Rosengarten

102

Hauptstraße 13b
38723 Lutter/OT Nauen
Tel. 0 53 83-7 68

Hofcafé Betzhorn am Heiligen Hain

104

Bauerneck 10
29399 Wahrenholz
Tel. 0 58 35-1 67 (Café)
Tel. 0 58 35-9 67 48 76 (Büro)
Fax 0 58 35-9 67 48 74

Das Celler Welfenschloss.

Am Rande der Heide liegt eine der schönsten Städte Niedersachsens: Celle. Die Residenzstadt der Braunschweig-Lüneburgischen Herzöge hat sich heute zum modernen Wirtschafts- und Verwaltungszentrum der Südheide entwickelt. Celles Stadtbild erlaubt einen ungestörten Blick auf die wechselvolle Geschichte einiger Jahrhunderte. 990 erstmals urkundlich erwähnt und als klar gegliedertes Viereck mit rechtwinklig kreuzenden Straßen auf einer Sandinsel in der Aller angelegt, erhielt die Stadt erst zwischen dem 15. und 18. Jahrhundert ihr heutiges Aussehen. Prächtige Fachwerkhäuser prägen noch heute das Bild der Celler Innenstadt. Im 17. Jahrhundert entstand die älteste, noch heute bespielte Bühne Deutschlands: das Celler Schlosstheater. 1735 gründete Georg II., Kurfürst von Hannover und

König von Großbritannien, in Celle ein Landesgestüt. Die jährliche Hengstparade im Oktober macht Celle für einige Tage zur Hauptstadt des Pferdesports.

Die kleineren gesundheitlichen Beschwerden der Wietzer Bauern linderten sie traditionell mit dem, was in den unheimlichen Pfützen und Tümpeln in der Nähe ihrer Dörfer schwamm. Die klebrige schwarze Masse eignete sich, nebenbei bemerkt, auch ausgezeichnet zum Schmieren der Wagen und anderer beweglicher Metallteile Das Erdöl machte viele Bauern zu Beginn des 20. Jahrhunderts zu reichen Leuten. Die Südheide wartet aber noch mit ganz anderen Schätzen auf: So findet man in Bergen ein Afrikamuseum, und das romantische Müden an der Örtze mit seiner Backsteinkirche von 1227, dem hölzernen Glo-

Das Mühlenmuseum in Gifhorn.

ckenturm von 1729 und seinen prachtvollen Bauernhäusern zieht Besucher geradezu magnetisch an.

Die Gedenkstätte im ehemaligen Konzentrationslager Bergen-Belsen, in dem auch Anne Frank ums Leben kam, zeigt eine andere – dunkle – Seite unserer Geschichte.

Eine Attraktion von internationalem Rang ist das Mühlenmuseum in Gifhorn. In ihm befinden sich über 40 maßstabsgetreu nachgebaute Modelle von Mühlen aus aller Welt.

In einem der Mühlenhäuser werden Kuchen und Brot nach alten Rezepten gebacken. Nicht weit vom Mühlenmuseum steht das Gifhorner Schloss, seinerseits nur einen Katzensprung von der Fußgängerzone entfernt. Das wehrhaft gebaute Schloss, das von den Welfen bewohnt wurde,

stammt aus dem 16. Jahrhundert, wurde nie von Feinden erobert und ist das Wahrzeichen der Stadt Gifhorn. Eine andere „Spur des Löwen" kann man heute noch in Bardowick erblicken. Eine Inschrift am Südportal der „Dom" genannten Stiftskirche weist auf die totale Zerstörung der blühenden Stadt durch Heinrich den Löwen im Jahr 1189 hin. Zunächst waren die Bewohner ob ihrer Wälle sicher und zeigten dem Herzog den „entblößten Hintern".

Am dritten Tag aber watete ein entlaufener Ochse durch die Ilmenau enthüllte den Belagerern auf diese Weise eine Furt und somit den Weg an die Mauern der Stadt. Die Lüneburger benutzten die Ruinen dann als Steinbruch, und böse Zungen behaupten, Bardowick habe sich von dem Schlag bis heute nicht erholt.

 ## Landcafé Neubokel

Adresse
Alter Kirchweg 2a
38518 Gifhorn OT Neubokel
Tel. 0 53 71-1 35 33
Fax 0 53 71-1 35 34

Öffnungszeiten
Mi - So 14 bis 18 Uhr,
für Gruppen auch nach
Vereinbarung

Plätze
70 Caféplätze
120 Außenplätze

Weite, flachkuppige Landschaften mit Wäldern, Moor und Heideflächen, Seen und Flussläufen sind typisch für die Region um Neubokel. Während der Heideblüte laden die unter Naturschutz stehenden Heideflächen zu ausgedehnten Spaziergängen ein. Das Naturschutzgebiet „Gifhorner Schweiz" liegt im Gifhorner Ortsteil Winkel. Im Verlauf der Nachkriegsjahre wurden um Gifhorn mehrere größere Flächen zu Naturschutzgebieten erklärt. Dazu gehört auch der im heutigen Stadtgebiet von Gifhorn liegende Heidesee, der auf natürliche Weise (Eiszeit) entstanden ist. Der See kommt auch in den Geschichten und Gedichten des Heidedichters Hermann Löns vor. Auch im Westen der Stadt gibt es größere Heideflächen. Diese Heidegegend wurde durch die Literatur von Hermann Löns bekannt. Durch Kiesschürfen entstanden weitere künstliche Seen. Ein Naturlehrpfad führt durch das einzigartige Refugium für Fauna und Flora. Selten gewordene Tierarten wie Birkhuhn, Kranich oder Kornweihe sind im „Heiligen Hain" in Wahrenholz zu finden. Die Anzahl der nistenden Storchenpaare ist in den letzten Jahren konstant geblieben. Gut markierte Wanderwege

Anfahrt

Mit dem Auto
A391, B4, in Gifhorn auf
B188 Richtung Neubokel,
rechts nach Neubokel in
die Dorfstraße, rechts ab
in Alter Kirchweg.

Extras

- Frühstücksbuffet an jedem
  zweiten Sonntag im Monat
- Familienfeiern bis zu
  60 Personen auf Anfrage
- Großes Hoffest am 1. Mai
- Cocktailparty im Sommer
- Kartoffelfest im Herbst
- Raclette-Essen in der Vor-
  weihnachtszeit

Essen & Trinken

Selbst gebackene Kuchen,
Wurst- und Fleischwaren

Einkaufen

Bücher, Blumenschmuck und
Dekorationsartikel

Übernachtung

5 Doppelzimmer im
Landhausstil

Sehenswertes
in der Umgebung

- Mühlenmuseum Gifhorn
- Historisches Museum im
  Schloss Gifhorn
- Ballonfahrten in Isenbüttel
- Jagdmuseum Oerrel
- Otterzentrum Hankensbüttel

führen von hier aus direkt durch die Heide. Sie finden das Landcafé Neubokel und Hotel Garni in idyllischer Dorflage mit herrlicher Umgebung, die ideal zum Wandern und Radfahren ist. Fahrräder können Sie im Übrigen im Café ausleihen. Im Café verwöhnt Sie Andrea Kyszkiewicz mit immer frischem, selbst gebackenem Kuchen. Dazu können Sie auf der Terrasse ein gut gezapftes Bier trinken und in aller Ruhe den Kindern zuschauen, die auf dem Spielplatz herumtoben. Für Familienfeiern – auch in größerem Rahmen – bietet das Café mit seinen stilvoll eingerichteten Räumen das richtige Ambiente. Von der Taufe bis zur Konfirmation arrangiert das Team vom Landcafé individuell alles nach Ihren Wünschen. Wenn Sie nach einer Erinnerung oder einem besonderen Mitbringsel suchen, dann werden Sie von den Dekorationsartikeln und den liebevoll ausgesuchten Accessoires begeistert sein, die in dem Café ebenfalls angeboten werden. In fünf Hotelzimmern finden Sie eine behagliche Unterkunft für die Nacht. Hausgäste genießen das Privileg eines eigenen Aufenthaltsraums. Die Zimmer sind im Landhausstil eingerichtet und bieten jeglichen modernen Komfort.

Landcafé Neubokel

Café und Weinstube Rosengarten

Adresse
Hauptstraße 13b
38723 Lutter/OT Nauen
Tel. 0 53 83-7 68
ursula.bohnsack@web.de

Öffnungszeiten
Mi - Sa 14 bis 18 Uhr
So 13 bis 18 Uhr

Plätze
46 Caféplätze
70 Außenplätze

„Meine Gäste kommen aus Goslar, Hannover, aber auch aus dem Harz", beschreibt Frau Bohnsack den Kreis derer, die ihr Herz an Café & Weinstube Rosengarten verloren haben, „in etwa aus 80 km im Umkreis." Das überrascht nicht, denn als Frau Bohnsack 1999 das Café eröffnete, erfüllte sie sich einen lang gehegten Wunsch. Mittlerweile ist die ganze Familie damit beschäftigt, die Tortensehnsüchte der Gäste zu stillen. „Jede Woche gibt es bei mir andere Torten, nur die Rosengarten-Torte ist immer im Repertoire", erfahren wir weiter. Das überrascht jedenfalls nicht, denn überall auf dem ehemaligen Bauernhof finden sich Rosen. Nicht zu übersehen ist der herrliche Rosengarten mit seinem alten Baumbestand, unter dem man so unvergleichlich gut spazieren gehen kann. Von hier hat man einen einmaligen Blick auf den Brocken, der durch nichts verstellt wird. Die einzelnen Räume des Cafés, die alle mit viel Liebe und Geschmack gestaltet sind, zeigen an den Wänden auch ein Muster, in dem

Anfahrt
Mit dem Auto
A 7 Ausfahrt Bockenem
Riohtung Lutter, ca. 8 km
entlang durch Bodenstein,
gleich nach dem Wald rechts,
2 km nach Nauen.

Mit der Bahn
Bahnhof Seesen oder Goslar,
weiter mit dem Bus nach Nauen.

Extras
- Frühlingsausstellung
- Rosenfest
- Kartoffelfest
- Weihnachtsausstellung
- Familienfeiern, Brunch und
  Frühstück nach Anmeldung

Essen & Trinken
Liebevoll hausgemachte Torten
und Kuchen, Eis aus eigener
Herstellung, kleine herzhafte
Speisen und vieles mehr,
regelmäßiger Brunch,
Familienfeiern à la Carte

Sehenswertes in der Umgebung
- Ideale Möglichkeiten zum
  Wandern und Spazieren-
  gehen, herrlicher Blick über
  den Vorharz bis zum Brocken
- Historische Altstadt Goslar
- Kaiserpfalz
- Rammelsberg Museum
  und Weltkulturerbe
- Historische Altstadt
  Hildesheim (Knochenhauer
  amtshaus)

selbstverständlich Rosen die Hauptrolle spielen. „Einmalig dürfte es sein", vermutet Frau Bohnsack, „dass Kaffee und Torte auf Fürstenberger Porzellan mit Namen *Bandolino* serviert werden." Neben dem herrlichen Garten, in dem es an Sommertagen lieblich-herb nach Rosen duftet, betreibt Familie Bohnsack auch einen kleinen Laden, in dem Gäste Mitbringsel oder Souvenirs erstehen können. Im „Rosenlädchen" findon cich nebon natürlichen Rosen auch solche aus Seide, die ihren Vorbildern an Schönheit in nichts nachstehen. Zu den Höhepunkten im Leben der kleinen Ortschaft Nauen zählt das alljährliche Rosenfest. Natürlich hat Familie Bohnsack die Idee dazu gehabt. Am Rhythmus der Jahreszeiten orientiert sich das Café, wenn das Frühlings- oder Kartoffelfest gefeiert wird. Ein besonderes Highlight stellt die Weihnachtsausstellung dar, auf der man all die Dinge erstehen kann, die für ein fröhliches und gediogonoc Woihnachtcfost unerlässlich sind.

Hofcafé Betzhorn am Heiligen Hain

Adresse
Bauerneck 10
29399 Warenholz
Tel. 0 58 35-4 67 (Café)
Tel. 0 58 35-9 67 48 76 (Büro)
Fax 0 58 35-9 67 48 74
info@hofcafe-betzhorn.de
www.hofcafe-betzhorn.de

Öffnungszeiten
Bitte informieren Sie sich über
unsere aktuellen Öffnungszeiten
telefonisch, per Mail oder im
Internet auf unserer Website.

Plätze
120 Caféplätze
150 Außenplätze

Inmitten von unzähligen Wiesen und Weiden und umgeben von Bäumen, denen man ihre lange Geschichte ansehen kann, findet man den jahrhundertealten Niedersachsenhof des Hofcafés am Heiligen Hain. Das rustikal und gemütlich eingerichtete Bauerncafé in der Südheide bietet seinen Gästen neben köstlichen Kaffee- und Teespezialitäten eine Auswahl an herrlichen selbst gebackenen Kuchen und Torten. Zur Erfrischung können Sie zudem Eiskaffee oder eine der anderen Eisspezialitäten kosten.

Wer es lieber herzhafter mag, findet eine kleine Auswahl an Snacks nach bäuerlichen Rezepten. Seit einigen Jahren bietet das Hofcafé am Heiligen Hain zudem auf Anmeldung auch ein exklusives und umfangreiches Hofcafé-Schlemmerfrühstück an und verwöhnt Sie mit einem riesigen Frühstücksbüffet, das keine Wünsche offen lässt. Egal ob herzhaft oder süß – hier ist definitiv für jeden Geschmack etwas dabei. Der großräumige ehemalige Heuboden bietet Platz für kulturelle Veranstaltungen

wie Konzerte oder Theaterauf-
führungen und verfügt zudem
über eine wunderbare Akustik.
Unsere Remise bietet schöne
Räume für Bilderausstellungen.
Sie planen eine Feier oder Ver-
anstaltung mit bis zu 80 Personen und suchen nach den richtigen Räumlichkeiten? Das
Hofcafé am Heiligen Hain steht
Ihnen mit Rat, Tat und dem nö-
tigen Platz zur Verfügung, hier
werden Ihre Veranstaltungen zu
einem unvergesslichen und stilvollen Erlebnis. Nachdem Sie
sich mit Kaffee und Kuchen aus

reichend gestärkt haben, vermittelt Ihnen das Hofcafé gerne
eine schöne Kutschfahrt durch
die herrliche Natur und Umgebung rund um den Heiligen Hain!

Anfahrt

Mit dem Auto
Über die A7 und B4 auf die
B244, rechts abbiegen auf
Repker Dorfstraße, leicht links
abbiegen, rechts abbiegen auf
K7, links abbiegen auf K5, weiter
auf Heiliger-Hain-Straße/K5,
leicht links abbiegen auf Bauerneck. Eine konkrete Anfahrts-
beschreibung finden Sie auf
unserer Website.

Übernachtung

2 Ferienwohnungen
2 Gästezimmer

Sehenswertes
in der Umgebung

• Traumhafte Heidelandschaft
  „Der Heilige Hain" (Blütezeit
  von August bis September)

Zwischen Hannover und Heide

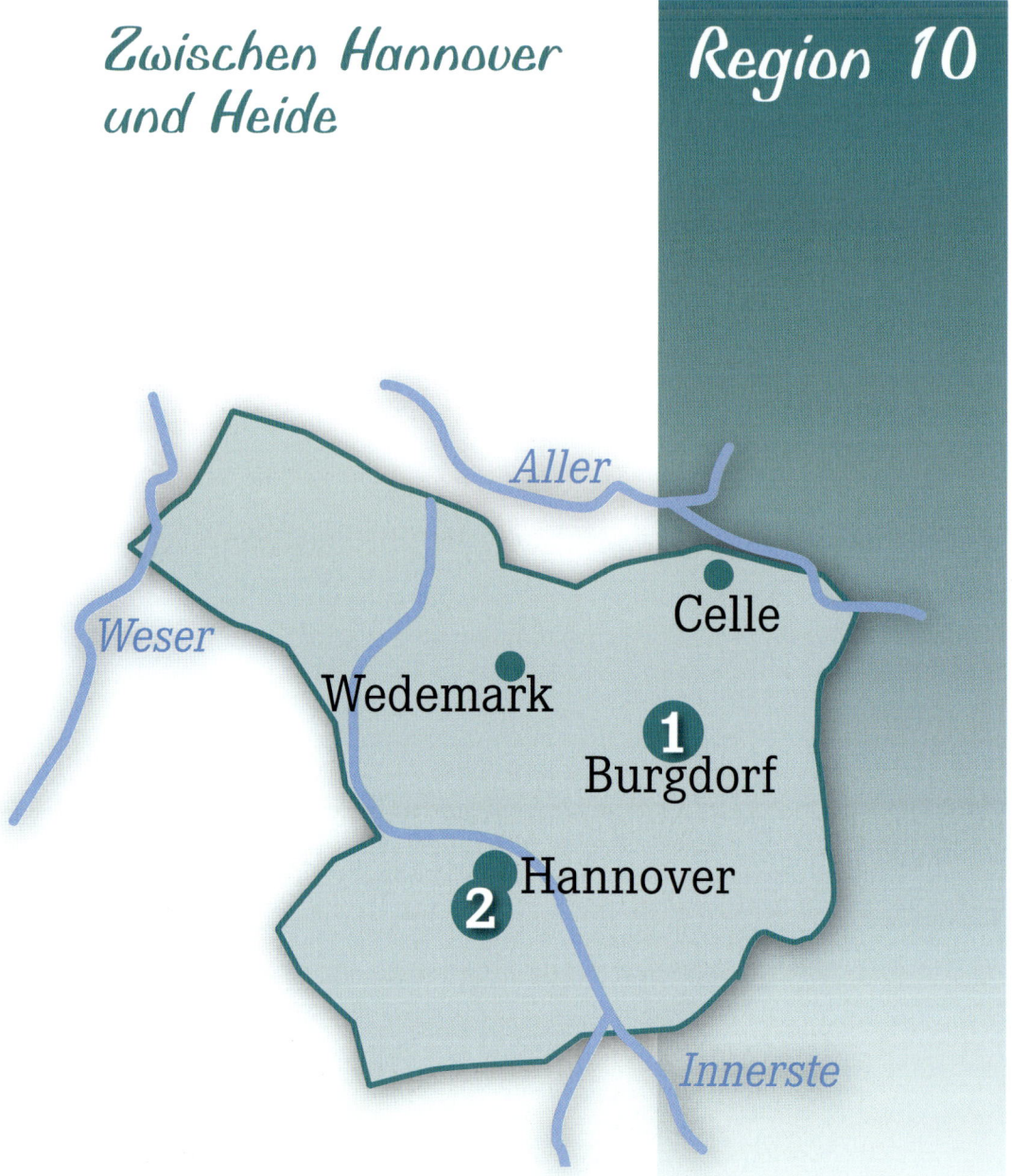

Aller

Weser

Celle

Wedemark

1 Burgdorf

2 Hannover

Innerste

Burgdorfer Bäuerinnenbackstube

110

Am Wächterstieg 7
31303 Burgdorf
Tel. 0 51 36-97 49 70

Teestübchen Hannover

112

Ballhofplatz 2
30159 Hannover
Tel. 0 5 11-3 63 16 82

Das neue Rathaus von Hannover.

Zwischen den Flüssen Ihme und Leine, wo das Berg- und Hügelland langsam immer flacher wird, liegt Niedersachsens Landeshauptstadt Hannover. Zwar soll es an dieser Stelle bereits im 11. Jahrhundert eine Dorfgründung gegeben haben, die Stadt führt ihren offiziellen Ursprung aber auf eine Urkunde des Herzogs von Braunschweig und Lüneburg von 1241 zurück, in der er Hannover städtische Rechte bestätigt. Im 18. Jahrhundert erlangte Hannover endgültig historische Bedeutsamkeit: Das Fürstentum Celle wurde geerbt, die Herzogtümer Bremen und Verden gekauft. Damit lag die Stadt im Kern des späteren Königreichs Hannover. Jetzt musste die verschlafene Stadt in eine Residenz verwandelt werden. Herzog Johann und Friedrich sowie in seiner Nachfolge dessen Bruder Ernst August nahmen sich dabei kein geringeres Vorbild als den französischen Sonnenkönig in Versailles. 1689 wurde die prächtige Oper eröffnet, an der Georg Friedrich Händel zwei Jahre lang als Kapellmeister arbeitete. Die hannöverschen Untertanen waren zufrieden mit dem Bau des Opernhauses, machte es doch die kostspieligen jährlichen Opernreisen Ernst Augusts und seines Hofstaats nach Venedig über-

Die herrliche Innenstadt von Hannover.

flüssig. So wurde fortan zu Hause gefeiert. Kurfürstin Sophie entdeckte ihre Liebe zur Gartenkunst und nahm einschneidende Veränderungen an der Gartenanlage in Herrenhausen vor. Maßgeblich beeinflusst von ihren Ideen entstand der größte Barockgarten Deutschlands mit dem neuen Galeriegebäude, den großen Steinfiguren und dem Heckentheater. Heute ist fast die Hälfte der Stadtfläche von Rasen-, Wald- und Wasserflächen bedeckt. Es gibt wohl kaum eine andere deutsche Großstadt, die über eine ähnliche Kombination von städtischer Kultur und Grünflächen verfügt. Wenige Kilometer von Hannover entfernt liegt das Städtchen Neustadt am Rübenberge. Im 16. und 17. Jahrhundert war es Residenzstadt der Herzöge von Calenberg. Zu den besonderen Sehenswürdigkeiten Neustadts zählen seine mittelalterlichen Befestigungsanlagen, die Liebfrauenkirche und das Schloss Landestrost. Als im Jahr 1891 im ehemaligen Zisterzienserkloster St. Maria und Georg ein Predigerseminar eingerichtet wurde, begann Loccums Aufstieg zum kulturellen Zentrum Niedersachsens. Loccum ist nicht weit von Nienburg entfernt, dessen Rathaus ein Giebelreiter aus der frühen Weserrenaissance ziert

 **Burgdorfer Bäuerinnenbackstube**

Adresse
Am Wächterstieg 7
31303 Burgdorf
Tel. 0 51 36-97 49 70

Öffnungszeiten
täglich 10 bis 18 Uhr

Plätze
60 Caféplätze
30 Außenplätze
barrierefrei

Die Bäuerinnen des Altkreises Burgdorf backen Tag für Tag die unglaublichsten Kuchenkreationen für ihr gemütliches Café mitten im Herzen der urigen Fachwerkstadt Burgdorf, gleich am Schützenplatz. Seit Jahren sind diese Frauen ein absolut eingespieltes Team. Frei nach der Devise ”Geht nicht, gibt's nicht”, haben sie Höhen und Tiefen zusammen gemeistert. Ihre Zuversicht, ihr Geschäftssinn, ihre warmherzige Gastlichkeit und vor allem natürlich ihre sensationell tollen Torten haben die backenden Bäuerinnen aus Burgdorf weit über die Grenzen der Stadt hinaus bekannt gemacht. Ihre Rezepte sind ein wohlgehütetes Geheimnis, nicht aber die Qualität ihrer Produkte. Ob nun Wolkentorte, Frankfurter Kranz oder Kolshorner Moortorte – wer die Torten und Kuchen einmal probiert hat, der weiß: Hier werden nur die besten Zutaten verarbeitet. Und neben traditionellen Kuchen stehen oft auch eigene Kreationen in der üppigen Auslage. Täglich gibt es bis zu zehn verschiedene zuckersüße Versuchungen, am Wochenende sind es oft noch mehr. Diese große Auswahl ist vor allem auch deshalb nötig, weil viele Kunden den Kuchen

nicht nur im Café genießen, sondern ihn auch noch mit nach Hause nehmen möchten, obwohl die liebevolle Einrichtung und die gemütliche Atmosphäre der Bäuerinnenbackstube beim Genuss der tollen Torten eigentlich immer noch das „Sahnehäubchen" obendrauf ist. Dank der geschmackvollen Einrichtung mit den besten Stücken aus Omas Aussteuer haben die Gäste des Cafés vom ersten Augenblick an das Gefühl, sie säßen in der Guten Stube daheim. Kein Wunder also, dass das Bäuerinnen-Café zu einem beliebten Treffpunkt für Jung und jung Gebliebene

geworden ist. Und weil die Landfrauen ihren Gästen mehr bieten wollten als erlesene sahnesüße Leckereien, haben sie ihr Angebot ständig erweitert. Daher gibt es nun jeden Tag im Jahr ab 10 Uhr ein leckeres Frühstück und, je nach Hunger, auch eine kleine Mittagstafel mit selbstgemachter Hausmannskost. Egal ob Sie sich für die Hochzeitssuppe, die Bratkartoffeln mit Sauerfleisch oder eine der 100 tollen Torten der cleveren Landfrauen entscheiden – die Burgdorfer Bäuerinnenbackstube ist ein absoluter Hochgenuss zu jeder Tages- und Jahreszeit!

Anfahrt
Mit dem Auto
A37 Ausfahrt Burgdort, rechts in die Alte Schanze Richtung Burgdorf, in Burg dorf Richtung Bahnstation direkt am Schützenplatz

Extras
- Diverse Rezeptbücher
- Wechselnde Bilderausstellungen von Hobbykünstlern

Essen & Trinken
Hausgemachter Kuchen, Frühstück, kleine Mittagskarte, sonstige kleine Leckereien

Sehenswertes in der Umgebung
- Fachwerkstadt Burgdorf
- Niedersächsische Spargelstraße

 *Teestübchen Hannover*

Adresse
Ballhofplatz 2
30159 Hannover
Tel. 0 5 11-3 63 16 82
info@teestuebchen-hannover.de
www.teestuebchen-hannover.de

Öffnungszeiten
Mo - Fr 10 bis 23 Uhr
Sa, So 10 bis 24 Uhr

Plätze
50 Caféplätze
100 Außenplätze

Das Teestübchen Hannover ist eines der traditionsreichsten Cafés in Hannover und bereits seit 1970 in Besitz der Familie Bohnecke. Es liegt mitten im Herzen der historischen Altstadt der niedersächsischen Landeshauptstadt. Mit Blick auf den wunderschönen und traditionellen Ballhofplatz lässt es sich in einem der Liegestühle vor dem Café wunderbar verweilen. Wie der Name schon erahnen lässt, gelten hier die über 40 feinsten verschiedenen Teesorten als Spezialitäten des Hauses. Die Auswahl lässt wirklich keine Wünsche offen – von den alt bekannten klassischen Teesorten bis hin zu wirklichen Exoten, wie dem „Pai Mu Tan" oder dem „Schatz der Inka", ist hier für jeden Geschmack etwas dabei. Wem lieber nach einer kalten statt einer heißen Erfrischung ist, wählt am besten einen der leckeren Eistees, die es im Teestübchen ebenso gibt. Übrigens können Sie sich Ihren persönlichen Lieblingstee auch ganz einfach mit nach Hause nehmen, denn die feinen Tee-

Mit dem Auto:
In Hannover Goseriede bis
Am Steintor folgen, Steintor-
straße, Knochenhauerstraße
und Goldener Winkel bis Kreuz-
straße nehmen. Parkmöglich-
keiten finden Sie in den umlie-
genden Straßen, zum Beispiel
in der Burgstraße, am Leineufer
oder im Parkhaus in der
Schmiedestraße.

Extras
- Feinste Teesorten im
  Außer-Haus-Verkauf

**Sehenswertes
in der Umgebung**
- Die wunderschöne Altstadt
  von Hannover
- Marktkirche
- Kreuzkirche
- Historisches Museum
- Landtag
- Das alte Rathaus
- Die Nanas an der Leine

sorten gibt es im Teestübchen
auch im Außer-Haus-Verkauf.
Für den kleinen Hunger stehen
einige köstliche und nach Familienrezepten hausgemachte Kuchen zur Verfügung. Kleiner Tipp:
Fragen Sie die freundliche Be-
dienung nach der heutigen Ku-
chenauswahl – manchmal gibt
es noch mehr als in der Karte
steht! Am Abend können Sie
Ihren Tag dann schließlich noch
bei einem herrlichen Glas Wein
und ein paar kleinen Snacks wie
einem Hawaii-Toast oder einer
Quiche ausklingen lassen.

Teestübchen Hannover

Hannovers Altstadt.

Niedersachsens Landeshauptstadt Hannover hat einiges zu bieten. Als ein besonderer Anziehungspunkt gilt die wunderschöne historische Altstadt mit dem alten Rathaus, der im 14. Jahrhundert in Backsteingotik erbauten Marktkirche, dem Holzmarkt, dem Ballhofplatz oder dem Leineschloss. Die vielen kleinen Gassen mit niedlichen Cafés und Boutiquen laden ebenso ein wie die traditionellen Fachwerkbauten, die es zu bestaunen gibt. Ein echtes Highlight ist der Altstadt-Flohmarkt am Hohen Ufer, der dort jeden Samstag stattfindet. In der Adventszeit lockt der traditionelle Weihnachtsmarkt rund um die Marktkirche und in der ganzen Altstadt jährlich Tausende Besucher nach Hannover. Am einfachsten entdecken Sie die Altstadt zu Fuß oder mit dem Fahrrad, da viele der Straßen und Gassen mit dem Auto oder Bus gar nicht befahrbar sind. Natürlich hat Hannover aber auch noch einige Sehenswürdigkeiten mehr zu bieten: das neue Rathaus, die barocke Parkanlage des Herrenhäuser Gartens, das Schloss Herrenhausen, den Erlebnis-Zoo Hannover – besonders für die kleineren Besucher und Familien ein echtes Muss –, die bunten, weltberühmten Nana-Skulpturen, den Maschsee mitten in der Innenstadt, das Sea Life Hannover, die vielen Museen oder die Hannoversche Staatsoper. Direkt vor den Toren Hannovers finden Sie das Steinhuder Meer, den größten niedersächsischen Binnensee. Hier ist für jeden Geschmack etwas dabei. Lassen Sie sich von der einzigartigen Vielfalt und der Schönheit der Stadt und ihrer Umgebung überzeugen und statten Sie Hannover einen ausgedehnten Besuch ab!

Die charmante historische Altstadt in der Dämmerung .

Das alte Rathaus.

Hannover.

Die Hannoversche Staatsoper.

Ein Brunnen im Herrenhäuser Garten.

Hannover

Rund um Hildesheim

Sarstedt

Hohenhameln

Elze

Hildesheim

Inners

Rheden

Bockenem

Weser

2

Leine

1

Göttingen

Landcafé im Gasthaus Gollart

120

Sollingstraße 19
37170 Uslar-Kammerborn
Tel. 0 55 71-13 23
Fax 0 55 71-91 24 92

Bauerncafé Sprengel

122

OT Wolperode
37581 Bad Gandersheim
Tel. 0 53 82-95 55 0
Fax 0 53 82-95 55 55

Der Hildesheimer Dom.

Wohl der bekannteste Landstrich Südniedersachsens ist der Harz. Dort, in den tiefen, waldreichen Tälern, trifft man auf die Spuren einer intensiven wirtschaftlichen Nutzung, die bis ins Mittelalter zurückreichen. In den Bergwerken wurde Silber gehauen, das den Reichtum der Grundherren mehrte. Schon früh nutzte man Wasserkraft im Harzbergbau. Heute sind es eher die Talsperren, die mit ihren Wassermassen große Städte, zum Teil auch Hannover, versorgen oder den Spiegel der Kanäle und Flüsse in den trockenen Sommermonaten regulieren. Zwischen Bergwiesen und Hochmooren, Wasserfällen und dichten dunklen Wäldern liegen verstreut Eingänge zu tiefen Tropfsteinhöhlen, die schon früh die Fantasie der Menschen anregten. Nach Nordosten schließen sich Elm, Lappwald

und Dorm an, drei Höhenzüge mit ausgedehnten Laub- und Mischwäldern, blühenden Kräuterwiesen und verträumten Tälern. Klöster und Burgen zeugen von der Bedeutung, die diese Region in früheren Zeiten hatte. Besondere Erwähnung verdienen Königslutter mit seinem Kaiserdom, Kneitlingen mit dem Geburtshaus Eulenspiegels, das Juleum in Helmstedt und die als „Lübbensteine" bekannten Großgräber auf dem St.-Annen-Berg. Weiter südwestlich, an einer Furt durch die Innerste, kreuzten sich im Mittelalter zwei bedeutende Handelswege, die vom Süden bis zur Ostsee und vom Rhein zur Elbe führten. Einer Sage nach soll sich hier Ludwig, der Sohn Karls des Großen, auf der Jagd nach einem weißen Hirsch verirrt haben. In seiner Verzweiflung betete er zu Gott, hängte sein

Der Fluss Bode im Nationalpark Harz

Die historische Brockenbahn im Harz

Brustkreuz in einen wilden Rosenstrauch und schlief ein. Als er am nächsten Morgen erwachte, lag der Wald unter einer dichten Schneedecke, nur der Rosenstrauch blühte und lag im Sonnenschein. Ludwig entschloss sich, dies als ein Zeichen Gottes zu verstehen, ließ neben dem Rosenstrauch eine Kapelle errichten und verlegte kurzerhand sein eigentlich bei Elze geplantes Bistum hierher. Sein erster Bischof ließ neben der Kapelle einen Dom errichten: Hildesheim war gegründet.

Angeblich soll dies der Rosenstrauch sein, der heute noch neben dem Dom steht, er wäre somit älter als 1000 Jahre. Nach der völligen Zerstörung Hildesheims in den letzten Wochen des Zweiten Weltkriegs lag der Rosenstrauch verbrannt unter den Trümmern und schlug den-

noch wieder aus. Südlich von Hildesheim liegt – fast genau zwischen Harz und Weser – ein klassisches norddeutsches Erholungsgebiet: das Leinebergland. Flusstäler wechseln hier mit bewaldeten Höhenzügen ab, die von Wanderwegen durchzogen werden. Immer wieder finden sich kleine romantische Städtchen mit interessanter Historie und vielen Sehenswürdigkeiten. Die Region ist reich an Sagen und Geschichten. Als die Brüder Grimm im 19. Jahrhundert dieses Volksgut sammelten, brachten sie einen überraschenden Schatz ans Tageslicht. Am Ith, mit über 20 Kilometern der längste Klippenzug Norddeutschlands, kann man lange Spaziergänge oder Wanderungen durch schluchtigen Sandstein unternehmen, aber auch beinahe wie im Hochgebirge klettern. Immer wieder stößt der Wanderer auf Höhlen, die in prähistorischer Zeit bewohnt waren. Die Ruine der Burg Plesse bei Bovenden nördlich von Göttingen begeisterte schon Goethe, der sich hier 1801 zum Picknick niederließ. Stolz blickt die Universitätsstadt Göttingen auf die lange Reihe der Nobelpreisträger, die aus ihren Mauern hervorgegangen sind. Das waldreiche Umland mit dem idyllischen Leinetal begeistert aber auch diejenigen, die Natur und frische Luft dem Studieren vorziehen. Östlich von Göttingen, an der Grenze zu Thüringen, liegt Duderstadt, die einstige Metropole des Eichsfeldes. Im Spätmittelalter hatte Duderstadt zeitweilig mehr Einwohner als die Hafenstadt Hamburg

Adresse

Sollingstraße 19
37170 Uslar-Kammerborn
Tel. 0 55 71-13 23
Fax 0 55 71-91 24 92
Gasthaus.Gollart@t-online.de
www.landcafegasthausgollart.de
www.solling-vogler-region.de

Öffnungszeiten

täglich ab 13.30 Uhr
Mo. Ruhetag
(außer an Feiertagen)
Betriebsferien:
Erste und zweite
Septemberwoche

Plätze

75 Innenplätze
120 Plätze im Saal
100 Außenplätze

Extras

- Spielecke
- Wursteprobe
- Wanderwege
- spezielle Gruppenangebote
- Dritter und vierter Advent:
  Scheunenweihnachtsmarkt

Landcafé im Gasthaus Gollart

Das Landcafé im Gasthaus Gollart liegt im südlichen Teil des Weserberglands im Uslarer Land. Die Umgebung ist geprägt von den Höhen des Sollings. Mitten im kleinen Dorf Kammernborn finden wir das Landcafé im Gasthaus Gollart, ein echter Geheimtipp. Seit seiner Gründung im Jahr 1878 befindet sich das Haus im familiären Besitz, heute führt Antje Adolph in fünfter Generation das Landcafé. Traditionen bewahren und trotzdem mit der Zeit gehen – so lautet das Geheimrezept der Familie Adolph. Im ganzen Haus erinnern Fotos an die gute alte Zeit: Gesangsvereine, Feuer-

wehr, Gesellschaften, Festlichkeiten – hier fand und findet das Dorfleben statt. „Unsere Gäste schätzen die traditionelle Atmosphäre, legen aber Wert auf Gastfreundschaft und Genuss. Wir haben uns stets den Wünschen unserer Gäste angepasst", erzählt Frau Adolph. Dabei untertreibt sie ein bisschen; die hausgemachten Torten sind heiß begehrt. Inzwischen hat sie sich über die Region hinaus einen Namen gemacht; Gäste kommen bis zu zwei Stunden aus dem Umkreis ins Landcafé. Immer wieder kreiert sie neue Tortenköstlichkeiten, alle natürlich von der Che-

Anfahrt

Mit dem Auto
Aus Norden, Osten und Süden:
A 7 bis Nörten-Hardenberg,
weiter auf B 241 Richtung Uslar,
weiter auf B241 Richtung
Holzminden bis Kammerborn
Aus Westen:
A 44 bis Abfahrt Warburg,
weiter auf B 241 über
Beverungen, weiter nach
Kammerborn (Richtung Uslar).

Einkaufen

Produkte der Regionalmarke
„Echt", Hausgemachte Wurstwaren und Konfitüren, Seife,
Bücher, Holzdeko, Genähtes
etc.

Sehenswertes in der Umgebung

- Ahletal
- Historische Altstadt Uslar
- Schmetterlingspark Uslar
- Museum
- Erlebniswald Schönhagen
- Naturerlebnispfad Rothenberg
- Erlebnislandschaft Delliehausen
- Hutewaldprojekt
- Freilichtausstellung „Vergangenheit in Miniatur"
- Kali Bergbaumuseum Volprichausen
- Klosterkirche Lippoldsberg
- Wildpark Neuhaus

fin persönlich hausgemacht. Die angebotenen Wurstwaren werden noch nach alten Rezepturen von einem Hausschlachter hergestellt. Als besonderer Leckerbissen gilt die luftgetrocknete Mettwurst. Ob im Winter bei einer Kaffeespezialität und einer heißen Waffel am Kamin oder im Sommer auf der idyllischen Terrasse mitten im Grünen, das Landcafé im Gasthaus Gollart bietet das ganze Jahr einen Anlass zum Besuch. „Mit abwechslungsreichem Programm sprechen wir unsere Gäste an zum Beispiel die Märchenstunden für Erwachsene, im Juli die traditionelle Wurste-

probe oder zu Himmelfahrt die Maibockparty. Im Dezember gibt es am dritten und vierten Adventswochenende einen Scheunenweihnachtsmarkt rund um das Café", erzählt Frau Adolph in ihrer fröhlichen Art. In der Nähe des Landcafes gibt es zahlreiche Wanderwege, der Erlebniswald lädt zum Entdecken ein, oder wenn man mal im Wald übernachten will, ist das neue Baumhotel geradezu ideal. Auch ein Besuch in der Fachwerkstatt Uslar mit ihren heimeligen Fachwerkgassen ist ideal zum Bummeln. Ein Besuch im Landcafé lässt sich bestens zu einem Tageserlebnis arrangieren.

Landcafé im Gasthaus Gollart

 *Bauerncafé Sprengel*

Adresse
OT Wolperode
37581 Bad Gandersheim
Tel. 0 53 82-95 55 0
Fax 0 53 82-95 55 55
info@bauerncafe-sprengel.de
www.bauerncafe-sprengel.de

Öffnungszeiten
tägl. 14 bis 18 Uhr
Ruhetage: Mo, Do

Plätze
150 Caféplätze
60 Außenplätze

Eingebettet in das idyllische Harzvorland liegt zwischen Wiesen und Feldern der Ferien- und Kneippbauernhof Sprengel. Ein Anziehungspunkt für Gäste aus Nah und Fern ist ganzjährig das dortige Bauerncafé. Seit über 30 Jahren wird es im Familienbetrieb geführt. Neben selbst gebackenen Kuchen und Torten mit Obst aus dem eigenen Garten gibt es Eis aus der hofeigenen Eismanufaktur, selbst gebackenes Brot aus dem Steinofen und allerlei Wurstspezialitäten aus der Hofschlachterei. Auch einige warme Gerichte, wie der „Hof-Max" oder die deftige Suppe in der Brottrasse werden hier serviert. In gastlicher Atmosphäre in den Stuben, bei schönem Wetter auf der gemütlichen Sonnenterrasse oder in einer der lauschigen Ecken im Garten werden die Gäste verwöhnt. Eine besondere Spezialität des Bauerncafés ist die

Anfahrt

Mit dem Auto
A7 Abfahrt Seesen Richtung
Bad Gandersheim weiter auf B64,
Ausfahrt Hildesheim, Kurgebiet
Nord Bad Gandersheim
(Schott-Auer) Richtung Hildes-
heim. Vor Wegweiser Wolperode
links abbiegen.

Extras

- Anerkannter Kneippbauernhof
- Schaubacken für Gruppen
- Hofeigene Produkte
- Wurstwaren
- Brotsorten
- Fertige Gerichte im Glas
- Fruchtaufstriche
- Familienfeiern auf Anfrage
- Hofeigenes, beheiztes
  Schwimmbad
- Sauna für Hausgäste

Übernachtung

Einzelzimmer, Doppelzimmer,
Ferienwohnungen mit vier Ster-
nen, Kurzübernachtung möglich

Sehenswertes in der Umgebung

- Römerschlachtfeld Harzhorn
- Goslar
- Hildesheim
- Erlebnisausstellung

„Hoftorte", eine Kreation aus Kirschen, Schokolade und Marzipan. Auch der frische Zuckerkuchen, der zweimal die Woche aus dem Steinbackofen kommt, ist eine gern genommene Wahl. In der kalten Jahreszeit locken knisternde Kaminfeuer die Gäste in die gute Stube, wo sie bei einem Bratapfel mit hausgemachtem Eis oder „Omas Bauernpunsch" den Tag gemütlich ausklingen lassen können. Auch die kleinen Gäste sind hier stets willkommen. Kaninchen, Ziegen, Ponies und Esel, sowie Katzen und Vögel sorgen immer für große Begeisterung. Haben die Kinder sie genug gestreichelt, können sie sich auf der großen Spielwiese mit Trampolin, Sandkasten und Spieltrecker oder auf der Kettcarbahn so richtig austoben. Kurzum – ein Besuch im Bauerncafé Sprengel ist für die ganze Familie ein wunderbares Ereignis!

Bauerncafé Sprengel

Cafés von A bis Z